奴隷の哲学者エピクテトス 人生の授業

プロローグ

ときは
ローマ
帝政期――
ぼくニウス
主人セクストゥスに仕える
家内奴隷の一人
そこ！
もっとしっかり
磨いてちょうだい!!
今日は
大切なお客様が
お越しになるから
顔が映るくらい
ピカピカに磨いておいてと
ご主人様が仰《おお》せよ!!
はっ
はい
ぼくら都市部の家内奴隷は
地方の農村奴隷に比べて
まだマシだ
過酷な境遇
ほらっ
休まず
働け～
だけど
奴隷階級に
すぎないわけで…
貴族
平民
奴隷

毎日ご主人様の
威圧的な態度に
ビクビクして…
働いても働いても
わずかな給金しか
もらえず…
はぁ〜
こんな生活から
早く抜け出したい
まぁこうやって
忠実に仕えていれば
いずれ解放されるのだけど…
解放され
自由の身!!
こんな生活とはおさらばだ〜
才がないぼくは……
商売
職人
あー
ぼくの人生
終わってる…

おい
ニウス
ゼニムス
さっき
ご主人様の
浴場のお供に
行ってきたん
だけどさ
その帰りに
奴隷市場で
足の不自由な
じーさんを
買ったんだぜ
って
そのじーさん
てーのが
まぁ不憫《ふびん》でよー
ゼニムスによると…
どうやら
そのじーさんは
解放されるはず
だったらしい
ところが
元主人の生活が
困窮し
再び奴隷市場で
売られることに
なったんだとか
元主人(平民)
足を悪くして
使えねーな
解放してやるかー
また家賃
値上げかー
よわったな～
あいつを売って
金にしよう
そのじーさんの
人生も
終わってるな
ちょっと
そこのもん!
磨き終わったら
この新入りに
それぞれの部屋を
教えておやり!!
はっ
はい

このじーさんか…ゼニムスが話していた不憫なじーさんとは…
ぼくニウスじーさんは?
わしはエピクテトスという
じゃあエピさんで!よろしくー
いやーエピさんもいろいろと大変でしたね
さぞや神を恨んだことでしょう
ん?
なぜわしが神を恨まねばならんのかね?
いや…じつは…エピさんのこと聞いたんですけど…

わしが解放されずに売られてしまったことかね?
あっ はい
ニウス… と言ったね では君は なぜそれを理由に わしが神を恨むと思うのじゃ?
だって ふつうは…
そうか… 君は「区別」ができていないのじゃな
区別? なんの区別ですか?
それはじゃな…
自分の力の及ぶ「我々次第であるもの」と「そうでないもの」との区別じゃよ
はぁ…
ニウスよ 君に聞くが わしは解放されずに売られてしまったわけじゃが そのことを わしに どうにかできたと思うかね?
いえ… 思いません
そうじゃな

わしは
自分でどうにかできるものには
力を注ぐが
どうにもできないものは
放っておくのじゃよ
放っておく？
人はえてして
自分では
どうにもできないものに
囚《とら》われてしまい
思い悩んでしまう
君も
そうではないかね？
そこの2人！
無駄話しているんじゃないよ!!
ここが
トリクリニウム
饗宴《きょうえん》が
行なわれるんだ
ぼくの人生
終わってる…
そう
思っていた
エピさんと
出会うまでは…

人生の

奴隷の哲学者エピクテトス

ダイヤモンド社

授業

この生きづらい世の中で「よく生きる」ために

荻野弘之 Hiroyuki Ogino

かおり&ゆかり［漫画］

はじめに

エピクテトスは、ローマ時代の**ストア派**を代表する哲学者である。

彼が生きた時代は、紀元1世紀の後半から2世紀の前半にかけて、ネロ帝からハドリアヌス帝に至る帝政初期、ローマ帝国が最大の版図に達し、空前の繁栄を誇った時代にあたる。

もっとも、ストア派の出発点はそれより400年前、紀元前3世紀初頭のギリシアにさかのぼる。開祖ゼノンとその門弟《もんてい》がアテネ市内の中心部にある彩色柱廊《ちゅうろう》（ストア・ポイキレー）を舞台にして教授活動をしたことから、この名で呼ばれるようになった。自前のキャンパスや校舎を持たない、今でいえば「哲学カフェ」といったところだろう。

ストア哲学は、論理学・自然学・倫理学を綜合《そうごう》した哲学体系を誇るヘレニズム哲学の主流であったが、紀元後ローマ時代に入ると次第に実践的な性格を強めてきた。「生き方の指針」を求めてやまない心ある人々に対して、時代を超えて様々なインスピレーションの源泉となり続けた、いわば**古くて新しい思考法**だ。

同時代のストア哲学といえば、キケロ、セネカ、マルクス・アウレリウスといった名前が浮かんでくるが、こうした系譜の中核にいるのが、エピクテトスという**奴隷出身の哲学者**なのである。彼は紀元50〜60年頃に、奴隷の両親から生まれた苦労人で、彼自身も若い頃は奴隷として過ごし、解放された後は私塾を開いて生計を立てた（エピクテトスの生涯と著作については24〜30ページの解説を参照）。

解放奴隷出身の哲学者とは、哲学史上でも珍しい。エピクテトスの一生は、いわゆる「学者」でも、ましてや「エリート」でもない。奴隷としての出自、慢性的な肢体《したい》不自由、国外追放の辛酸、塾講師としての不安定な収入、といった多くの困難を抱えながら、当時の流行思想でもあったストア派の哲学を自分自身の「生き方」として学び取り、それを洗練させていった。

地位や財産や権力とは無縁な、**ごく平凡な市井《しせい》の庶民が、いかにして真の自由を享受し、幸福な生活にあずかることができるのか**。そのためにいかなる知恵が大切なのか――。「隷属と自由」という彼自身の課題は、そのまま現代人の生活の場面にまでつながっている。

エピクテトスは、ソクラテスやプラトン、あるいはマルクス・アウレリウスといった哲学者に較《くら》べると、わが国の読者にはさほど馴染みがないかもしれない。

だが古代から現代に至るまで、多くの哲学者・宗教家・文学者に影響を与えたことは紛《まぎ》れもない事実である。また現在でも、欧米では哲学者のみならず、政界や実業界の著名人を含めて、エピクテトスを愛読し、彼の残した言葉を人生の指針としている例は数え切れない。エピクテトスの思想には、このように時代を超えた普遍的な魅力があるのだ。

彼の言葉には、現代人のみならず、およそ**人間につきまとう共通の悩みや不安を一変させるような起爆力**が秘められている。

「哲学」というと、近現代ドイツ哲学のように、抽象的で難解な漢語が散りばめられて近寄りがたい、しかもそれが一体何の役に立つのかさっぱりわからない、というイメージを持つ人もいるだろう。しかしエピクテトスの語り方は、それとはまったく対照的である。

生徒に対して噛んで含める教師のように、ありふれた生活の中から多くの例を挙げながら、しかも常識とはまったく違ったものの見方、欲望のあり方、対人関係の理解を我々に突きつけてみせる。

お読みになればすぐわかることだが、彼の残した名言の数々は、一読して「なるほど」と納得できるような、いわば**常識の延長線上にある凡俗な人生訓では決してない**。むしろ、時に人を驚かせ、反発を覚えさせ、躓《つまず》かせるような逆説ばかりが並んでいる。だが翻《ひるがえ》ってよくよく考えてみれば、「たしかに、それにも一理あるかな」と認めざるをえなくなる。

いずれにせよ、禅の公案にも似て、**我々の心に静かだが確実な波紋を呼び起こす**のである。

そうした「驚き」を出発点にして、日常生活の中で感じる様々な困難や課題を改めて考え直すきっかけになることは間違いない。

賛成、反対、疑問、いろいろな読後感があってよい。何も哲学者や宗教家だけではない、政治家や軍人も、アスリートや芸術家も、キリスト教徒も仏教徒も、そして無神論者も、エピクテトスを読むと、それぞれの立場で何かしらピンと来るものがある。あるいは逆に反発を感じる場合も少なくないだろう。

そこで芽生えた疑問や洞察を、自分の中で大切に育てていただきたい。もちろんローマ時代に書かれた文章だから、現代から見ると奇妙でわかりにくい風習なども出てくるが、それらは多少の解説が加えられれば十分理解できるはずだ。

本書は、エピクテトスの言葉に触れて理解を深め、**それぞれの人生を少しだけ深く見つめ直すこと**、そして人間として**よく生きる**とは何なのかを立ち止まって考えていただくために生まれた。

「よく生きる」（エウ・ゼーン）というギリシア語は、「幸福に生きる」と置き換えることのできる言葉だ。エピクテトスをはじめ、ストア派が範と仰いだソクラテスは、前３９９年、死刑判決後に拘留されていた牢獄の中で、ひそかに脱獄を示唆した旧知の親友クリトンの誘いを断り、従容《しょうよう》として死に赴《おもむ》くことになるが、その際の２人だけの対話に「大切にしなければならないことは、ただ生きることではなく、〈よく生きる〉ことであり、しかもそれは〈正しく〉〈立派に〉生きることである」（プラトン『クリトン』48B）という言葉を残している。

「よく生きる」とは人生の究極の目的を示唆する言葉でもあり、おそらくその基本的な座標軸は、現代の日本でも変わることはないだろう。

本書が、読者それぞれの人生を見つめ直すきっかけとなり、そして様々な困難や課題を解決する糸口となれば幸いだ。あるいは、我々が抱えている問題の多くは、積極的に「解決」されるのではなく、まったく違った視点のもとに「解消」されるのかもしれない。

上智大学 哲学科教授　荻野弘之

目次

第1部

認識を正す――「我々次第であるもの」とは何か

Contents

第2部

感情の奴隷から脱する

第3部

人間関係のしがらみから自由になる

第4部

真に成長し、よく生きる

登場人物紹介

主人

セクストゥス・クラウディウス

200人ほどの奴隷を所有するパトリキ（貴族）、元老院議員。奴隷たちの怠慢な態度（嘘やごまかし、仮病など）に頭をかかえていたところ、奴隷市場で「足は悪いが、誠実・正義」の札を掲げたエピクテトスを見つけ、見張り係として買う。

主人の所有する奴隷集団（ファミリア）

エピクテトス

元主人の家が生活困窮になり、資金繰りのために奴隷市場で売られていたところをセクストゥスに買われる。足が悪く、奴隷たちの見張り係を担っている。

ニウス

奴隷の両親と共に働いていたが、成人を機にセクストゥスのもとへ。たとえ解放されても、才のない自分には幸せなど訪れないと悲嘆している。

ゼニムス

ニウスと同時期に主人に買われる。主人に取り入り、他の奴隷たちよりも施しを受け私腹を肥やしている。解放され自由人になることを待ち望んでいる。

エピクテトスの生涯と著作

奴隷からの解放、そして私塾講師へ

エピクテトス〔50／60－135頃〕は奴隷の出身だったこともあって、その生涯については不明な点が多い。小アジアのプリュギア地方（現在のトルコ南西部）ヒエラポリスの町（アジア州の州都エフェソの東方160km）に、紀元50－60年頃に奴隷の両親から生まれた。

実は本名はわからない。エピクテートス（Epictētos）とは「後になって獲得されたもの」を意味する、いかにも奴隷らしい名前なのである。

幼少時から、ローマでエパフロディトスという主人に仕えた。エパフロディトスは解放奴隷の出自ながら、解放後は「暴君」として有名なネロ帝〔在位54－68〕の秘書として権勢を揮《ふる》い、最後にはその自殺を幇助《ほうじょ》したとも伝えられる。

後にエピクテトスの高弟アリアノス〔85頃－160頃、『アレクサンドロス大王東征記』の著者〕が師の言行をまとめた『語録』に登場する、権力者の歓心を買おうと躍起になる人物たちの闊達《かったつ》な描写は、おそらくエピクテトスが少年時代から主人の伴をして宮廷に出仕した時の鮮烈な印象をもとにしているのだろう。

彼は自らを「足の悪い老人」と呼んでいる（『語録』第1巻第16章20節など）。主人の冷酷な仕打ちによる障害とする説もあるが、おそらく晩年のリューマチが原因らしい。

奴隷の身であった少年時代、利発だったエピクテトスが、特に主人から許されて当時の優れたストア派哲学者ムソニウス・ルフス（30頃-101頃）の講義に出席する機会を得たのが、ストア派の哲学に接する最初のきっかけとなった。年季が明けて解放されると同時に、エピクテトスは師ルフスの庇護《ひご》の下でしばらく助教師としての研鑽《けんさん》を積んだようだ。

エピクテトスの肖像

ところがドミティアヌス帝（在位81-96）が思想統制を強めるために、皇帝の暴政を批判した当時の知識人たちを敵視し、首都ローマから哲学者追放令を発布（89年）したのを機に、彼はローマを去ってギリシア本土のニコポリスに移住し、そこで私設の学校を開いて哲学を教えるようになった。

この町はアクティウム海戦（前31年）の勝利を記念して初代皇帝アウグストゥスが建設させた新興都市で、政治・経済の両面で西部ギリシアにおけるローマ支配の中心となり、現在でもその遺構から当時の繁栄を偲《しの》ぶことができる。彼がこの町を選んだのは、イタリア半島とギリシア本土を結ぶ海洋航路の利便性と、新興の港町に特有の、因習に囚《とら》われない国際的な雰囲気に惹《ひ》かれたからかもしれない。以後、エピクテトスはアテネやオリンピアに短期間滞在した時期を除けば、終生この町で学校教師として生活した。

やがてストア派の哲学者としての名声が高まると共に、入学してくる若者だけではなく、様々な人々が頻繁に面会や相談に訪れた。政界の要人たちの中には、旅の途中で訪問したハドリアヌス帝（五賢帝の一人、在位117－138）も含まれている。

彼は長らく独身で過ごしたが、ようやく晩年に至って結婚した。ただしこれも、自分から望んでというより、知人から委託された孤児を養育する必要のためだったと言われている。没年は135年頃、後の皇帝マルクス・アウレリウス（121－180）はまだ少年だった時のことである。

このようにエピクテトスの生涯は、奴隷として主人に仕え、解放後に修学した若年時代と、私立の学校を経営した職業教師としての後半生とに二分される。

社会の最底辺に生まれた出自、慢性的な肢体不自由、国外追放の辛酸、そしておそらくは学校教師としての不安定な収入、独身生活といった彼の経歴は、様々な障害に囲まれた無力な庶民が、地位・権力や財産に頼らずに、いかにして真の自由を得られるのか、真に幸福な生活のためにどんな知恵が求められるのか、という考察を深めていくことになった。そして、その基軸となるのがストア派の哲学だったのである。

『語録』と『提要』

エピクテトスは私塾で教師をしながら、特に著作は残さなかった。あるいは、同じように一切の著作活動からは無縁であったソクラテス〔前469-399〕の一生を意識したのかもしれない。

ところが、弟子の一人で政界でも活躍したアリアノスが「これは、もったいない」と考えて、師の言行をその語調まで含めて忠実に筆録することを試みた。それが『語録』（ディアトリバイ）であり、全8巻のうち4巻分が現存する。

これは折々の講話や師弟の会話を収録した言行録で、当初は公刊を意図したものではなかったが、次第に門下生以外にも流布《るふ》して広く読まれるようになったらしい。全体としては重複や脱線も多く、やや雑多で冗漫な印象を与えるが、エピクテトスの学校やそこでの授業の様子を生き生きと伝え、彼の人柄と思想を知るうえで必須の史料である。

マルクス・アウレリウス帝〔在位161-180〕も、師のルスティクス〔100頃-170〕を通じて哲学や文学の本を貸してもらい、エピクテトスの「覚書」に親しんだと回想している（『自省録』1・7）。

マルクス帝の晩年に書かれた『自省録』には、エピクテトスへの言及はもとより、彼の書物からの直接間接の引用や抜粋が随所に見られ、その影響の大きさを窺《うかが》い知ることができる。解放奴隷とローマ皇帝という、社会的地位では対照的な2人が書物を通じて共感し、暗黙の師弟関係を結んだというのが興味深い歴史の逆説である。

さらにアリアノスはこれらを抜粋して、全部で53章からなる『提要』（エンケイリディオン）も編集した。これは「掌中《しょうちゅう》に収まる本」すなわち「文庫本」を意味し、エピクテトスの教説や訓戒を簡潔に要約した「便覧」である。

本来は何らかの教育目的で編纂《へんさん》されたと思われるが、本書を読み進めるとおわかりいただけるように、骨太な思想、意表をつく逆説の数々、明快な文体と豊富な実例、そしてその簡便さゆえに『語録』以上に広く読まれ、後代に圧倒的な影響を及ぼした。エピクテトス（の著作）と言えば、『語録』よりも、まずはこの『提要』を指す場合が多い。

近世以降、ストア哲学（ストイック）といえば実践的な「禁欲主義」の代名詞であるが、学説や理論よりも「生き方のスタイル」に集約されるこうしたストア派の理解は、実は開祖ゼノン〔前335-263〕や第3代の学頭クリュシッポス〔前280頃-07頃〕以上に、『提要』のエピクテトスによるところが大きい。同時にストア派への批判も、もっぱら『提要』の表現に対して向けられることが多い。

これに対して近年では『語録』の研究が進んだことにより、従来『提要』に即して作られてきたエピクテトスへの「峻厳《しゅんげん》な孤高のモラリスト」というイメージは大きく修正されつつある。比喩や訓戒に巧《たく》みなことはもちろん、「中庸で人間らしい情愛に溢れた実践的教育者」という、より柔軟な人物、またソクラテスや犬儒派シノペのディオゲネス〔前400頃-325頃〕などの思想的影響を受けた哲学者という方向での理解が深まっている。

エピクテトスはわが国ではあまり馴染みがないが、ソクラテスやプラトンといった古典時代の哲学者と較べても、後代に与えた影響は決して小さくない。それは実に様々な人に及んでいるのである。

哲人皇帝マルクス・アウレリウスの『自省録』はその直近の例であるが、古代ギリシアの哲学者たちから始まり、オリゲネス（１８５－２５３）ら初期のキリスト教思想家、パスカル（１６２３－６２）やニーチェ（１８４４－１９００）といった近代のモラリストたち、ヒルティ（１８３３－１９０９）やアラン（１８６８－１９５１）の幸福論、中国への布教を図ったイエズス会宣教師マテオ・リッチ（利瑪竇、１５５２－１６１０）、米国の詩人エマーソン（１８０３－８２）や自然作家ソロー（１８１７－６２）、真宗大谷派の仏教哲学者である清沢満之《きよざわまんし》（１８６３－１９０３）など、キリスト教、仏教、無神論など、様々な立場の違いを超えて、古今東西、愛読者は尽きない。

ベトナム戦争時の米国人捕虜ストックデール提督（１９２３－２００５）が獄中で愛読したように、またトム・ウルフの小説『成りあがり者』（１９９８年）に見られるように、今もなお欧米では、生き方の処方箋として絶大な影響を与え続けている。

本書では『提要』の中から、印象に残る言葉を章ごとに取り上げ、ユニークな漫画と簡単な解説と共に紹介する。

それでは、いよいよエピクテトスの不思議な世界へと旅することにしよう。

第1部

認識を正す
――「我々次第であるもの」とは何か

あー
うらやましいなー
ぼくも
貴族のもとに
生まれていたら
ん？
幸せだった
だろうなー
ちょっと
聞くが
ニウスよ
君は
何かに
囚われて
生きるのと
何にも
囚われずに
自由に
生きるのと
どちらが
幸せだと
思うかね？
そりゃー
自由に
生きるほうが
幸せに
決まっている
じゃないですか
おや？
では 地位や名誉に
囚われている今は
不幸せということに
なるのう
うっ……

いいかね ニウスよ
地位や名誉や 財産などは
自分でどうにか できるものかね
えっ… そうですね… できません
そうじゃな
では それらが 幸せの基準になっていたら どうなるじゃろう?
それらを 得られないことで 満たされず
得たら得たで 奪われはしないかと びくびくし
結局 それらに 囚われて生きることに ならないかね?
う~
地位
財産
名誉
名声
君は さっき
自由に 生きることが 幸せだと 言ったね
はい
君が そう考えるなら
地位や名誉など 我々次第で ないものに
君は そっぽを向かねば ならぬよ

自由に至る唯一の道は
「我々次第でないもの」を
軽く見ることである

有名な人、有力な人、あるいは評判のよい人を目にした時、君は心像に拉致《らち》されて、※その人を「幸せな人だなあ」と思い込まないように注意するがよい。というのも、善の実質が「我々次第であるもの」のうちにあるならば、羨望《せんぼう》や嫉妬が生まれてくる余地はないからだ。君は自分が将軍や議員や総督になりたいとは願わないで、むしろ自由人であることを願うだろう。この自由に至る唯一の道は「我々次第でないもの」を軽く見ることである。

（『提要』19）

※「心像に拉致される」とはエピクテトスが好んだ表現で、無意識のうちに「事実の認知」以上の誤った価値判断に走ってしまうことを指す

求めると不幸になるもの

「ストイック」という言葉は、古代のストア派に由来する本来の意味では「自分の欲望にそのまま従うのではなく、意識して禁欲する、我慢する態度」を指す。現代でもアスリートや受験生など、目標に向かって努力する中で禁欲的な生活を実践する人も少なくないだろう。

では、なぜ禁欲する必要があるのだろうか？

それは欲望を適切にコントロールすることが、幸・不幸と直結するからである。

ストア派の基本戦略は、**「我々次第であるもの」**と**「我々次第でないもの」**の境界を正確に見極めて、前者つまり**自分の裁量の範囲内にある物事にだけ、自分の欲望の対象を限定する**ことにある。それが、彼らが言うところの「禁欲」なのだ。

エピクテトスが考える「自由人」も、先入観や偏見に振り回されず、自分ができること、できないことを見定めて行動できる人間のことであった。

エピクテトスの『提要』の冒頭、第1章にも次のような記述がある。

ストア派の欲望に対する基本戦略

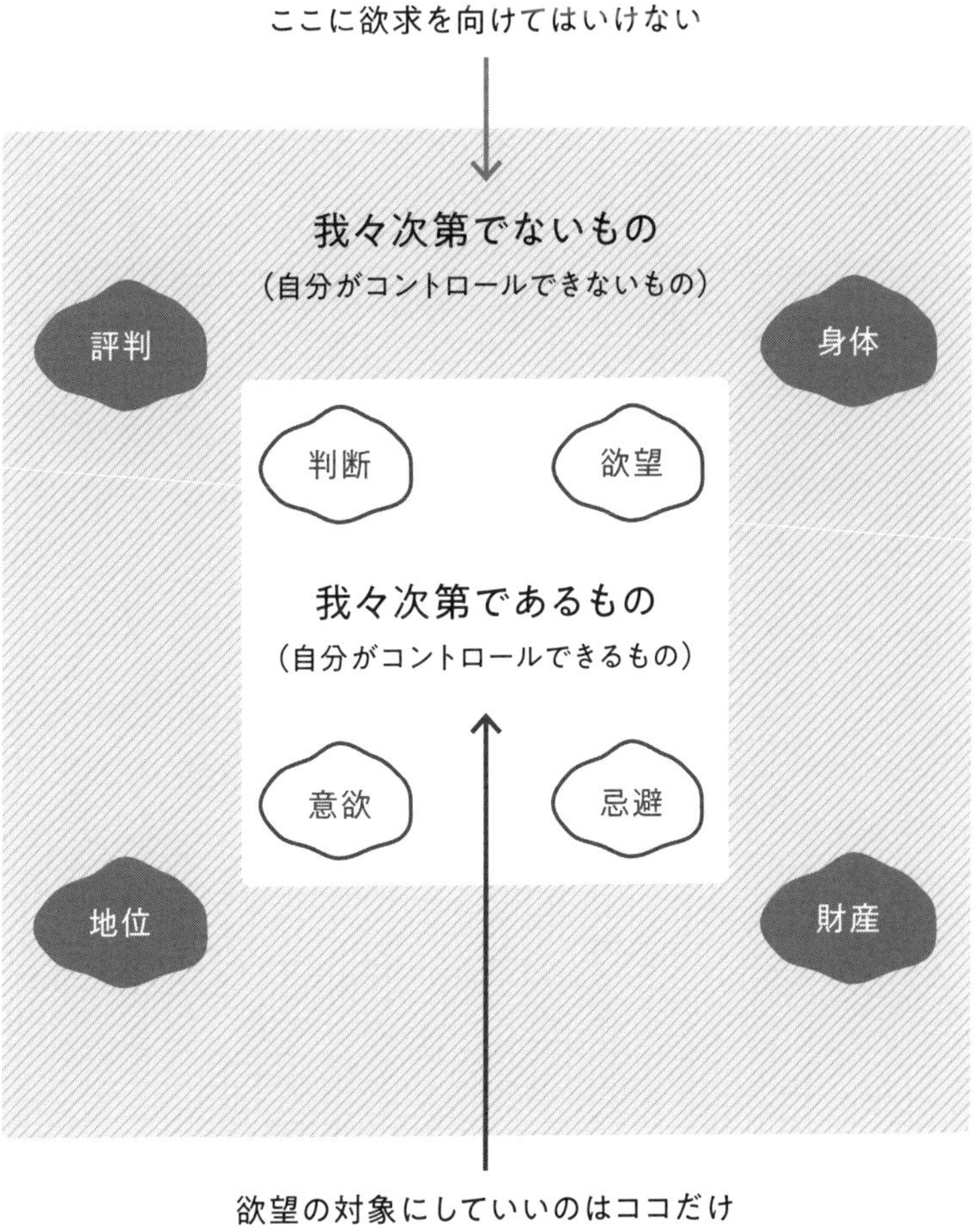

物事のうちには「我々次第であるもの」と「我々次第でないもの」との両者がある。判断、意欲、欲望と忌避など、およそ我々の〔こころの〕働きによるものは「我々次第」だが、自分の身体や財産、他人からの評判、地位官職など、およそ我々の働きによらないものは「我々次第」ではない。「我々次第であるもの」は本来、自由で、妨げられないし、他人から邪魔されない。だが、「我々次第でないもの」は脆弱《ぜいじゃく》で、隷属的で、妨げられてしまうし、自分のものではない。（『提要』1）

地位や名誉、財産など——翻ってよく考えてみれば、我々が欲望を向けているものの多くは、実は自分にはどうにもできないものばかりだ。

「いや、努力すれば手に入るのではないか？」と思うかもしれないが、多かれ少なかれ誰かの意向や時の運が絡むことが避けられない以上、**完全に自分の裁量内にあるもの、つまり「我々次第であるもの」とは言えまい。**

こうした「我々次第でないもの」に欲望を向ける態度を、エピクテトスは強く戒める。その最たる例として、ここでは他人を羨《うらや》むことをエピクテトスは挙げている。

現代においても、政治家、芸能人、スポーツ選手など、俗に「セレブ」と言われている人たちの華やかなファッションや優雅な暮らしぶりを見て、ひそかに憧れる人は少なくないだろう。

「大きくなったら何になりたい？」という質問に「有名人」と答える子どもたちが多いのは、今も昔も変わらない。

もっとも「セレブ」とまではいかなくても、我々の周りを見回してみれば、知人や友人の中にも、美人で気立てがよく、人気があり、学歴が高くて、資産があって……と「羨ましい」と思わせる人はいくらでもいそうだ。

だが、誰かを羨ましく思っても、その**地位や名誉を自分の裁量でどうにかできるわけではない**。にもかかわらず、他人の成功や繁栄を見て羨望《せんぼう》の念を抱き、自分も目立ちたくなったり、不必要な競争に駆り立てられたりして、結果として自分が苦しむのは間違いなく愚かなことだ。

真の意味で自由に生きるためには、こうした「我々次第でないもの」に囚われてはいけない。それが幸福への近道なのである。

第2話 「エピさんと接吻!?」

エピさん 最近 都市部で 伝染病が 流行《はや》っているって話 聞きました?
なんだか ぼくも かかりはしないかと 心配で…
ニウスよ…
ちょっ… エピさん 何を!?
君は わしを避けたね
なぜじゃ?
なぜって… エピさんと 接吻《せっぷん》だなんて 嫌ですよ
嫌…か…
では聞くが
伝染病も 今みたいに 避けられるかね?
えっ?

そんなの
できませんよ
自分で
避けられるなら
こんなに心配しませんし
うむ…
では
なぜ君は
避けたいと
思うのかね？
うっ…
君と出会った日に
「区別」の話をしたね？
我々次第であるもの
我々次第でないもの
君が避けたいと
思うものに対しても
その区別が必要なのじゃよ
病気や死
貧乏――
これらを自分で
どうにかできると
考えているから
いざそうなると
落ち込むのじゃ
自分で
避けられないものは
避けないことが
幸せへの
近道なのじゃよ

病気や死や貧乏を
避けるならば、
君は不幸になるだろう

記憶しておくがいい。欲求が約束するのは君が欲しがっているものを得ることであり、忌避《きひ》が約束するのは君が避けているものに出くわさないことである。そして、欲求を持ちながらそれを得られない者は不遇であり、忌避しながらそれに出くわす者は不幸である。

だから、もし「君次第であるもの」のうちで「自然に反するもの」だけを避けるならば、君が避けているどんなものにも出くわすことはないだろう。だが病気や死や貧乏を避けるならば、君は不幸になるだろう。

そこで「我々次第でないもの」はすべて忌避の対象から外して、その代わりに「我々次第であるもの」のうちで「自然に反するもの」に置き換えてみよ。

（『提要』2）

自分が避けていいものだけを避ける

「我々次第であるもの／我々次第でないもの」という考え方は、「欲望」だけでなく、「忌避《きひ》」についても同じように考えることができる。エピクテトスの教えは、**自分次第で避けることができるものだけを避けよ**、というものだ。

では、「自分次第で避けることができるもの」とは何だろうか？

常識的に考えれば、病気は自分次第で避けられるように思う。日頃から食生活に気遣い、身体を動かし、定期的に健康診断を受ける。そうすれば、ある程度は病気を避けられるはずだ。貧乏もある程度は避けられそうだ。まじめに働き、節約して貯金すればいい。だとすれば、エピクテトスの「病気や死や貧乏を避けてはいけない」という言葉には矛盾を感じてしまう。

だが、突っ込んで考えてみると、いくら用心し準備したところで、病気や死を完全に免《まぬが》れることはできないし、事故や災害などで資産を失ってしまう可能性も完全には排除できない。それは、**自分がどうこうできる裁量の範囲外にある**からだ。

一方で我々は、手帳を開いて来週の予定を書き込む時、「これから帰るよ」と家族に電話で知らせる時、つまりごく近い未来を予想しながら（10年後はともかく）「さしあたりのところは」自分も、そして家族や知人も死なない、と無自覚なままに信じ込んでいる。

そうした考えは、たしかに人間が「安心して暮らす」ために必要ではある。そもそも「一寸先は闇」である事実を真に受ければ、何ひとつ行動できなくなってしまうだろう。

しかし、我々が自らの願望をひそかに事実に優先させて「見たくない不都合な真実」から無意識のうちに目を背《そむ》けているのは、まぎれもない事実なのだ。

つまり、ここでエピクテトスが勧めるのは、**「不都合な真実」から目を逸《そ》らさない態度**だともいえる。とはいえ、エピクテトスは健康のために努力するなと言っているわけではない。彼が言いたいのは、健康のために努力するにしても、**根本的には病気は避けられない**ことを自覚せよ、ということである。そうした自覚がないまま病気になると、人は大きなショックを受け無気力になってしまうかもしれないからだ。

どれだけ完璧な計画を立てて旅行したところで、旅先では予定外の出来事に見舞われる。計画通りにいって当たり前と思い込んでいる人は、突発的な出来事に直面した時に臨機応変に対処しづらい。反対に、旅行にはトラブルがつきものだと思える人のほうが、いざという時でもどっしり構えて対処できるものだ。人生もまた同じだと言えよう。

エピクテトスが一貫して伝えているのは、**自分自身でどうにもならないことを願ってはならない**、ということである。不測の事態は起こるものだと考えることが、常に自分を見失わない秘訣なのかもしれない。

あー ゼニムスの やつ…
ちゃんと やってる かな…
おや ニウス 洗い物か？
エピさん 近づかないほうが いいですよ
においます から…
尿
ところで ゼニムスが どうかしたのかね？
じつは 急に ご主人様の外衣を 洗うことになって…
いつもの 仕事を ゼニムスに 任せたんです
でもあいつ 乱暴だし…
バシッ
石像に 傷をつけないか 心配で…
ニウスよ
君は 区別の話を 忘れたのかね？
えっ？

いいかね ゼニムスが 石像を傷つけるか 傷つけないか
君にどうこう できるかね
できませんね…
そうじゃ それは 彼次第で あるからな
そんなふうに他人に 何かを望むなら 思い通りにならずに 悩み苦しみ
どんどん 不幸になって しまうじゃろう
なぜだ〜
他人であるものは 他人のものであって 君のものではないのじゃよ
ニウスよ 君のすべきことは 何かね？
ゼニムスに対し 求め続けることか？ それとも それを捨て去る ことかね？
おーい
どっちじゃ！
エピさん 離れすぎ です

君ができること、
まさにそのことに励めばよい

君の子どもたちや妻、友人たちがいつまでも生きていることを君が望むとすれば、君は馬鹿だ。というのも、それは「君次第ではないもの」を君次第であるように望み、「他人のもの」を君のものであるよう望んでいることなのだから。

そのように、自分の奴隷についても、過失がないように望むとすれば君は愚か者である。なぜならそれは、悪徳を悪徳でないもの、他の何か別ものであると望むことだから。

だが、自分が欲しているものを得損なわないことを望むならば、そのこと自体は可能である。つまり、君ができること、まさにそのことに励《はげ》めばよい。

（『提要』14）

他人に何かを望むのは、馬鹿のすること

自分の家族や友人、ペットあるいは愛着のある物や財産など、自分が身近に所有しているものが、いつまでもなくならないでほしいと願う気持ちは誰しも心ひそかに抱いている。一方で、形あるものはいずれ壊れるし、人間である以上いつかは必ず死ぬという自明の法則もわかっているはずだ。

だが、我々は果たしてそのことを本当に「わかっている」のだろうか。

残酷な言い方になってしまうが、エピクテトスに言わせると、自分の大切な誰かにいつまでも生きていてほしいと望むのは「馬鹿」である。

なぜか？

それは、**自分でどうにかできることと、自分ではどうしようもないことを混同しているから**だ。当然のことだが、自分がいくら強く願ったところで、大切な人が永遠の生命を得られるわけではない。

つまり、ここでエピクテトスが伝えているのは、**自分にできないことを願ったところで、その願いが叶うはずはない**、ということだ。現代の我々にとってエピクテトスのこの教えは、人

間関係の場面でより真価を発揮するかもしれない。

ここでエピクテトスは、「奴隷の過失」も例に挙げている。古代ギリシア・ローマの社会は奴隷制だったから、農業や家内労働に従事する使用人が常駐していた。この奴隷たちに過失がないように望む人を、エピクテトスは「愚か者」と呼んだ。

ここで言う「奴隷」は、現代でいえば「言いつけを守らない子ども」「不良学生」「出来の悪い職場の部下」「態度の悪い上司」などに置き換えられるかもしれない。

我々は、家庭や職場での人間関係において、他人に「こうなってほしい」と求めることが頻繁にある。しかし、勘違いしてはいけないのは、**他人は自分にどうにかできるものではない**。他人のやることは自分にはどうしようもできないのだ。

あなたが望んでよいこと、それは**「自分ができること」**である。態度の悪い上司を変えることはできないが、自分がその上司に接する態度を変えることはできる。

何かを望むなら、それが「自分でどうにかできることなのか」をよくよく吟味する必要がある。そのうえで、他人に何かを求めず、自らができることに励《はげ》む――。すると、人間関係に悩んだ時もスッと気持ちが楽になるはずだ。

第4話 「ご主人様に言うべきか」

君はみんなの意見が正しいと思ったわけじゃな?
いえ…そういうわけでは…
ん?ではなぜ言うのをやめたのじゃ?
えっ…それは…
ニウスよ君の行動は君のものではないのかね?
行動は自分で考え自分で選択し行なうものじゃろ?
だが君は今他人が考え他人が選択したものに従い行動している…
君は自分のものを他人に預けてよいのか?
い…嫌です
では自分が正しいと思うその意志にただ従えばよいのじゃよ

「正しくない」と騒ぎ立てる者どもをなぜ恐れる必要があるか

「為《な》さねばならない」といったん決心したうえで何かを為す場合には、それを実行するのを人に見られることを決して避けてはならない。たとえ多くの人々〔大衆〕が、それについて何か違った判断を持つだろうとしても。

君が正しく為すのでないならば、初めからその行動そのものを避けよ。だが実際に正しければ、「正しくない」と騒ぎ立てる者どもを、なぜ恐れる必要があるか。

（『提要』35）

「他人の評価」という泥沼から脱する

政治家や芸能人、プロスポーツ選手などは、社会の様々な人々から支持され、好感を持たれる必要がある。写真うつりやファッションはもちろんのこと、ブログやツイートが「炎上」しないように気をつかう。

反対に、官僚・軍人、学者や職人など、あくまで実力が第一で、人気投票の対象とはなりにくい仕事もある。もっとも「実力」とは言っても、所詮はそれも他人からの評価にさらされていることに変わりはないのだが。

ごく普通の生活をしている人の間でも、世間には人当たりがよく、愛嬌《あいきょう》があって、友人に囲まれている人、受賞を重ねる人、地位に恵まれる人がいる一方で、その反対に、誤解されやすい人、孤独な人、地位に無縁の人も少なくない。

だが、自分がいかに努力してみたところで、**他人からの評価や評判は最終的に自分で自由に制御できることではない**。逆に、そうした他人の目や評価にこだわりすぎると、自分が進むべき道を見失うことにもなりかねない。

だからこそエピクテトスは、**他人の評判を恐れるな**、と戒める。

最近ではSNSの世界が身近となり、常に他人からの評価にさらされる世の中となった。そのために、物事を決める視点が余計に「自分」ではなく「他人の評価」になってしまっているように思える。

友人に評価されたいから有名企業に就職する、プライベートが充実していると思われたいから休日に旅行に出かける……自分でも気づかないうちに視点が「他人」になってはいないだろうか。

しかし、いくらあなたが頑張ったところで、エピクテトスが言うように、「他人の評判・評価」は自分ではコントロールできない。

有名企業に就職しても「ミーハーなやつだ」と思われているかもしれないし、憧れのカフェに行った写真を掲載しても「自慢ばっかり」「嫌なやつだ」と呆《あき》れられているかもしれない。

こうした自分にはどうしようもできない**「他人の評価」の中で生きることは、思い通りに動けない泥沼でもがき苦しむようなもの**である。結果、心の中の本当の声に気づけず、進むべき道を見失ってしまうこともあるだろう。

自由に生きる唯一の道、それは自分、つまり**自分自身の意志の中で生きること**である。

他人の評価にさらされ続ける現代だからこそ、自分の道を見失わないよう、エピクテトスの言葉を胸にとめておきたい。

エピさん…おはようございます…
なんじゃね その顔は…
は…い…不吉な夢を見たんです
どんな夢じゃ？
じつは…
助けてくれ〜
嫌だ〜
きっと…ぼく……何かの刑に処されるんです… その予告なんです
あ〜怖い〜
いいかね ニウス 夢それ自体に善いも悪いもないのじゃよ
見た者が善いか悪いかを決めるのじゃ
えっ？
言い換えるなら君がその夢を悪い夢にしてしまったのじゃよ

わしは君の夢を聞いたときこう思ったよ
ニウスは自分を縛りつけている考えから抜け出したいと思っている
その夢は成長の前兆なのかもしれない…と
どうじゃ？
本当に悪い夢じゃったかね？
そうでもないように思えてきました
ニウスよ
これは夢に限らずすべての出来事に言えることなのじゃよ
えっ？
君に起こるどんな出来事もそれ自体に善い悪いはない
自分次第でそれらすべてを自分にとって善いことにすることができるのじゃよ
大雨だ…洗たく物が乾かない…
大雨だ！洗たくしないで済む

何がやって来ようと、
それから利益を
受けることはできる

鴉《からす》が不吉な啼《な》き方をした時、心像が君を拉致しないようにせよ。むしろ直ちに君の心の中で分別をして、次のように言うがよい。「これらのものは、何ひとつとして私に対して〔悪い事態を〕予告しているのではなく、せいぜい私の貧弱な身体か、私の僅《わず》かな財産か、私の些細な評判か、あるいは〔私の〕子どもか妻に対して、予告しているにすぎない。だが、私自身に対しては、私がそれを望むならば、これらはすべて吉兆を予告しているのだ。というのも、これらの何がやって来ようと、それから利益を受けることは私自身にかかっているのだから」と。

（『提要』18）

出来事が、君の望むように起こることを求めてはならない。むしろ、出来事が起こるように起こることを望みたまえ。そうすれば君は穏やかで幸福な生活を送れるだろう。

（『提要』8）

「どう捉えるか」だけが唯一無二の対処法

現代人にはピンと来ないかもしれないが、古代世界は呪術や予言などに充《み》ちていた。古代地中海世界（ギリシア・ローマ）では、様々な卜占術《ぼくせん》のうち「鳥占い」が一番の人気だった。鳥が一列に整然と並んでいれば「平和」を示した吉兆。乱舞したり、甲高い声で啼《な》き騒いでいたりするようなら「動乱」を孕《はら》んだ凶兆、という具合である。

とはいえ古代人を非合理だと片付けられるほど、現代人も合理的ではない。現代社会であっても、占いやおみくじに一喜一憂する人はたくさんいる。

占いを離れて、我々の日常生活を振り返ってみても、周囲の状況から漠然とした不安を抱いてしまうことは少なくない。たとえば、ピリピリしている上司が近くにいると、それだけで萎縮してしまい、いつ叱られやしないかとビクビクしてしまうのではないだろうか。

だがエピクテトスは、**「事実と評価を区別せよ」**と主張する。上司がピリピリしていることは事実だが、その良し悪しは自分が評価することなのだ、と。

おみくじでも同じことだ。「大凶」を引いてしまうと、それだけで気が滅入る。大きな仕事を任されている時や受験を控えている場合なら、なおさらだろう。半信半疑とはいえ、「ひょっとしたらうまくいかないかもしれない」と悪い予感がよぎるかもしれない。

ここが重要な点だが、エピクテトスは占いやおみくじを信じるな、と言っているのではない。仕事であれ人間関係であれ、占いやおみくじで悪い目が出たという「事実」と、「仕事がうまくいかないかもしれない」「自分の心が不調になるかもしれない」という自身の「評価」は別物だということだ。

つまり、起こった事実は「我々次第でないもの」であり、我々にはどうしようもできないが、**それをどう評価するかは「我々次第であるもの」**なのだ。エピクテトスには、こうした「出来事は決してそれ自体として悪ではない」という強い信念がある。

出来事そのものに善悪はない。当然といえば当然だろう。地震や豪雨だって、自然のメカニズムによって生じるのだから、それ自体に善悪があるわけではない。

他方で、誰しもが「自分の思い通りに、ことが運んだらいいのに」と考えてしまう。地震や豪雨も「来ないでくれ」と願うのは自然な人情だ。学業成就、商売繁盛、無病息災など、すべてこうした思いは、人間にとってごく自然な願望に見える。

「だが」とエピクテトスは、この常識に切り込んで「待った」をかける。

未来にどんな事態が起ころうが、それは人間の手で左右できることではないから、そもそも欲求の対象にしてはならない。さらに、その出来事は**たとえ自分の希望と違っていても、また一見して我々にとって悪いものと思われる状況であっても、それを善用することはいくらでも**

可能なのだと。

たとえば、子どもの頃、遠足の前の晩に翌日の好天を願ったことは誰しもあるだろう。しかし、起きてみたらあいにくの雨降り。結局、別の遊びをして楽しく過ごした――。

では、どちらがよかったのだろう。よくよく考えてみると、その判定は意外に難しい。

ここで見方は二つに分かれる。

一つは、いつまでも自分の希望に固執することだ。

雨が降らなければ遠足に行けたのに、第一志望校に受かっていれば今よりいい職にありつけたのに……こうした未練と後悔の道である。こうした見方からは失望しか生まれない。

反対に、雨は降ったけど楽しく過ごせたからよかった、今の仕事で大切な仲間と出会えたからこれでよかった……こうして自分の主観的な希望とは違う、いわば「第二志望としての現在」を受け入れる見方もある。「天職」といった発想はこちらから生まれる。

まさに後者がエピクテトスの言う**「善用」の道**である。

自身に起きた出来事を受け入れ、将来への不安や煩悶《はんもん》を一掃することは、究極の「楽観」に達することでもある。

俗に「明日は明日の風が吹く」と言われるが、欧米などキリスト教に深く根差した文化圏であれば、イエス・キリストの教えにある「明日のことは明日自らが思い悩む」「あなた方の父は、願う前から、あなた方に必要なものをご存じなのだ」(『マタイによる福音書』6・34)と重ねて読む人も多くいるだろう。各自の未来には決して悪いことは起こらない、という確信だ。こうした「摂理」と呼ばれる考え方を、エピクテトスの哲学とキリスト教は共有している。

原文訳にある「穏やかで幸福な生活を送れる」とは、もともとは水が上から下によどみなく流れるさまを表す言葉である。怒りや心配で心が煩悶《はんもん》することなく、人にも出来事にも自然に対処する——。これがエピクテトスにとっての「幸福」のイメージなのだ。

我々には日々、様々な出来事が起きているが、**先入観に囚われず、曇りのない目で事実と向き合うことこそ、我々が唯一できる出来事に振り回されない方法**なのではないか。

どんな事実でも自分にとってプラスの方向に転用することができる。当たり前のようで我々が気づいていない真理をエピクテトスはここでも教えてくれている。

第6話「実が熟すのを待つように」

では聞くが
いちじくの実が
まだ青い
君は
どうする?
実が
熟すまで
待ちます
実は
熟しすぎ
落ちて
つぶれてしまった
君は
どうする?
ベチャ
そんな実は
放っておきます
では君は
どんな実だと
食べるのじゃ?
そりゃー
熟した実に
決まってます
では君は
その実が
現れるまで
食べたいのに
食べられない
ということに
なるね
はい…
それは
仕方あり
ませんから
ニウスよ
君が
解放されたいと
思ったら
今のように
ふるまうの
じゃよ
過去にも
未来にも
欲望を
向けない――
それが
正しい欲求の
あり方なのじゃ

遠くから欲望を
投げかけるな。
君のところにやって来るまで
待ちなさい

記憶しておくがよい。君は、饗宴の座に列する時のように振る舞うべきであると。
ある料理がぐるりと回って君のもとにやってきた。手を伸ばして行儀よく自分の分だけ取るがよい。通り過ぎてしまった。引き留めるな。まだ来ない。遠くから欲望を投げかけるな。君のところにやって来るまで待ちなさい。

（『提要』15）

過去と未来に何かを求めてはいけない

古代ギリシア・ローマ時代の饗宴（シンポシオン）は、様々なお祝い事に際して、名士が自宅に知人友人を多数招いて夕方から夜にかけて開かれた。
だがフランス料理の晩餐《ばんさん》のように、1人分ずつ最初から取り分けられた料理を食べるわけではない。給仕役の奴隷が運んでくる皿の上の料理を、片手で次々に取っていくという形式だ。今日で言う中華料理の「円卓」と事情はそれほど違わないだろう。
だから自分の前に料理が回ってきたのに、うっかりしているとすぐに隣に運ばれていってしまうし、好物の料理があっても、皆が順番を待っているからすぐには回ってこない。

たまたま機会に恵まれれば、これらを享受することには何の差支えもない。だがいったん機会が失われれば、いつまでもそれに執着していてはいけない。逆に、好機が来ないかといたずらに期待だけが先走ってもいけない。

ある料理がぐるりと回って君のもとにやってきた。手を伸ばして行儀よく自分の分だけ取るがよい。通り過ぎてしまった。引き留めるな。まだ来ない。遠くから欲望を投げかけるな。君のところにやって来るまで待ちなさい。

ここでは、誰でも知っていたであろう当時の宴席でのマナーを巧みに引用しながら、エピクテトスはこうした実人生での欲望のあり方を諭《さと》している。

要するに、**過去にも未来にも欲望の目を向けることなく、現在の与えられた状況を見据えて、それを享受すること**。それが、エピクテトスの考える正しい欲求のあり方なのである。

これはローマの詩人ホラティウスの格言「カルペ・ディエム（その日を楽しめ）」という態度にもつながってくる。ただしこれは、刹那《せつな》的な快楽にふけることではなく、むしろ今を大切に生きる「一期一会」の精神である。

現在の状況だけに関心を向けることができれば、後戻りができない過去に引きずられることもなければ、不確かな未来に心を揺さぶられることもない。こうして平常心を保つことは、集中力を高めることにもつながるだろう。

おい ニウス
どうやら あのじーさん おれたちの 見張り係として 買われたらしいぜ
い〜よな〜! つったってる だけで いーんだから!!
おれたちは そうじ ざんまい
おい ゼニムス
じーさん 足が不自由で よかったなー 楽な仕事を あてがわれて
おい やめろよ!!
まぁ でも 足が不自由だし たとえ解放されても 一生 自由人には なれねーかー
すみません エピさん… あいつ いつも あーでして…
いやいや
じじつ わしは 足が不自由で あるからな
だが わしは ある意味すでに 自由人であるぞ
えっ?

ニウスよ
聞くが
足の不自由は
心の自由まで
奪うかね?
いえ…
そんなことは…
そうじゃろ?
わしが何を思い
どう考えるかは
自由のままじゃ
病気やケガは
身体にとって
障害ではあるが
意志は
常に自由
そのことを
気にしない限り
意志の障害には
ならないのじゃよ
わしも君も
主人の奴隷じゃ…
だが 制約を
受けているのは
わしらの身体だけじゃ
我々の意志は
我々だけが
自由にできるもので
何ごとも 誰も
手だしすることは
できないのじゃよ

病気は身体の妨げではあるが、
意志の妨げではない

病気は身体の妨げではあるが、意志の妨げではない。もし意志がそう欲するのでなければ。肢体不自由は脚の妨げではあるが、意志の妨げではない。

君が出くわすことになるどんな事態に際しても、このことをあえて自分に言い聞かせるがいい。そうした困難は、何か別のことの妨げではあるが、君自身の妨げではないことがわかるだろうから。

(『提要』9)

誰もが持っている「本当の自由」とは？

朝、目覚めたらなんだか熱っぽくて身体もだるい。熱を測ったら38度近くある。こんなに体調が悪いのだから、とても会社で仕事なんてできそうもない――。誰しもこんな経験をしたことがあるだろう。

自分の自由を縛るもの、それは金がなかったり時間がなかったり、大抵は手段となるものが欠けている場合が多いが、よく考えてみると**最大の制約条件は我々自身の「身体の不自由性」**に帰着するのではなかろうか。

「自分が自分の身体を持っている」のは当たり前の事実だから、このことには気づきにくい。駅まで歩いたり、ご飯を食べたり、日頃何ら不自由なく振る舞える時、自分が身体を持っていることをほとんど意識していないからだ。

自分の身体がはっきりと意識にのぼるのは、急いで走って動悸がしたり、歯が痛くなったり、ケガや病気で歩行が困難になったりして、自分が何かを「できない」と感じる時であり、総じて「負の体験」をする時だと言えよう。

眼鏡をかけて物を見ている時、普段は眼鏡の存在を意識しないが、レンズが曇ったり汚れてよく見えない時にこそ眼鏡の存在が意識にのぼることに似ている。

もっとも身体を動かすこと自体には、本来楽しい側面もある。練習を積み重ねて逆上《さか》がりができた時、25メートルプールの端まで泳ぎ切れた時、あるいはピアノの練習曲をミスなしで弾《ひ》けた時……我々は自身の奥底から湧き上がる充実感を覚える。それは心・身が一つに統合されたことを実感する独特の喜びなのである。

こうした事情があるから、**我々は身体の状態と自分の「やる気」を結びつけて考えがち**だ。体調がよければ、「よし、今日はがんばろう」と張り切ったりもするが、「だるいから、やる気が起きない」場合だってある。誰しも、病気や身体の不調によって精神まで気弱くなってしまうことも多い。

だが、エピクテトスはこの常識とも言える態度に、疑問符をさしはさむ。

　病気は身体の妨げではあるが、意志の妨げではない。

もちろんこれは「心頭滅却すれば」といったふうに、いたずらに精神主義を振り回す体育会的な根性論ではない。

そもそも、彼がここで「意志」（プロアイレシス）と呼んでいるものと「やる気」は微妙に違う。

たしかに、やる気は体調や身体の状態に左右されるが、「意志」はそうではない。エピクテトスが言う「意志」とは、**自分が何をしたいと願い、どれを優先し、何をすべきだと判断するか**、という熟慮に基づいた判断の最終的な結論を指し、自分自身の人柄や性向の中核をなすものだ。そこには本来、いかなる外的な障害も存在しない。

病気や身体的な障害で、事実としてできないことがあるのは当然だが、それによって何をすべきか、すべきでないか、という合理的な判断までが曇らされてはならない。

エピクテトスは闇雲に「我慢する」ことを勧めているわけではなく、**どんなにつらい状況に見舞われても、自分の意志だけは自由にできる**、と伝えているのだ。

我々は、病気やケガのせいで必要以上に落ち込んでしまったり、仕事で失敗したりすると、意気消沈して意志まで負の方向に持っていかれてしまう。こうした困難に直面した時こそエピクテトスの忠告を思い出したい。

エピクテトスは『語録』でも何箇所か、自分のことを「足の悪い老人」と呼んでいる。晩年のリューマチが原因と見られているが、いずれにせよこの訓戒は決して机上の空論や精神論ではなく、彼の実生活の経験をもとに語られているところに一層の重みがある。

どんなにつらい状況に見舞われても、自分の「意志」だけは自由にできる。意志こそ我々が唯一、自由にできるものなのだ――。

そう自分に言い聞かせることによって、受け入れがたい状況からも立ち直るきっかけを得られるかもしれない。

第2部

感情の奴隷から脱する

ニウスよ どうしたんじゃ? 顔色が悪いぞ
さっき ご主人様が 目の前を 通ったんです…
もう 怖くて怖くて…
なぜそんなに 恐れるのじゃ?
だって 怖いでしょ
あの顔つき あの態度
あーこわい こわい
あー!! なんでぼくが ご主人様のせいで こんな思いをしなきゃ いけないんだー!!
ニウスよ 君を怖がらせて いるのは ご主人様ではなく
君自身じゃよ
えっ
何言ってるん ですか エピさん!!
なぜ ぼく なんです!?
ぼくじゃなくて ご主人様でしょ!!

ではご主人様が原因なら彼の態度を君はどう説明するのじゃ?
せっかくご主人様が通ったのにあいさつしそびれたー
アピールできるチャンスだったのになー
チッ
……
いいかねニウスよ
感情は「自分の考え方」によって生じるのじゃ
君がご主人様を怖いと思う感情を軽くしたいなら
それは君の考え方次第でできるのじゃよ
怖くない…
あーいう顔なんだ…

人々を不安にするものは、
事柄それ自体ではなく、
その事柄に関する
考え方である

人々を不安にするものは、事柄（プラグマタ）それ自体ではなく、その事柄に関する考え方（ドグマタ）である。たとえば、死は決して恐ろしいものではない。さもなければソクラテスにもそう思われただろうから。むしろ「死は恐ろしい」という、我々が死について抱く考え方、それこそが恐ろしいものの正体なのだ。
だから我々が妨げられたり、不安にさせられたり、悲しんだりする時には、決して他人を責めてはいけない。むしろ自分たち、つまり自分たちの「考え方」を責めようではないか。

（『提要』５ａ）

すべての苦しみの原因は「あなた」

ストア派の哲学によれば、不安に駆られること、悲しみに沈むこと、怒りに震えること、総じてこうした負の感情に苛《さいな》まれることが不幸の最大の原因である。そして我々は、様々な出来事に影響され、これらの感情に苛まれる。

こうした負の感情に囚われた時、我々は外界の事物や出来事を原因だと考えがちである。「あいつのせいで」「不遇な環境のせいで」という具合に、人間関係や自分の置かれた環境を恨んでしまう。

だがエピクテトスは、こうした見方そのものを根本からひっくり返す。

外界の事物や出来事（プラグマタ）はそれ自体として善悪いずれでもない。だから人間を苦しめるものでは決してない。それをどういった性質の事態として考えるか、その**価値判断をくだすのは我々の考え方（ドグマタ）次第**なのだ、と。

「怖い森」という言い方がある。人影がなく昼でも暗く鬱蒼《うっそう》とした森は、そこに初めて足を踏み入れる人に対して恐怖を抱かせるには十分だ。

だが翻ってよく考えてみると、「怖い」と感じるのは、あくまで当人の主観にすぎず、森自体に「怖い」という性質が初めから備わっているわけではない。森を狩場とする熟練の猟師にとっては、何の変哲もない平凡な生活の場所なのである。

都会育ちの子どもが小さな虫でも怖がるように、単なる「不慣れ」が恐怖の感情に結びつくことは多い。いったん感情に囚われてしまうと、それ自体はたいして危険でないものでも恐怖を感じてしまう。反対に、悪い意味で「慣れて」しまうと、本来恐れるべきものに対しても鈍感になってしまい、事故につながる場合もあるだろう。

エピクテトスは、こうした感情に囚われた態度を、そもそも認識の誤りだと診断する。だから、不安や悲しみから脱却する道は、**「自分がどういう考え方をしているか？」という徹底した自己反省**に求められる。

この項目では、エピクテトスはさらりと「死」を例に出している。

死は決して恐ろしいものではない。さもなければソクラテスにもそう思われただろうから。むしろ「死は恐ろしい」という、我々が死について抱く考え方、それこそが恐ろしいものの正体なのだ。

この言葉を、読者はどう考えるだろうか？

「いや、死こそ最大の恐怖の対象だ」と思う人も少なくあるまい。正気である以上、自分は死なないと自負している人はいない。だからこそ、自分の年齢や健康状態を考えながら生命保険に入り、墓所を買い、それなりの準備をするのだ。

しかし、死は現実にそれを体験するわけにはいかない。比喩的な意味でない限り「俺は死んだ」とは言えない以上、一人称である「私が死ぬ」ことは絶対に体験できない。臨死体験とは「死にかけた」「死の近くまで行った」のであっても、死んだわけではあるまい。

言い換えれば**「私自身の死」とは、常に可能性としてしか現れてこない**。だからこそ自分の死は、年齢、健康状態、境遇、家族関係などを加味した自分の心がまえ次第で、恐怖にも、嫌悪にも、恩恵にも見えてくる。

不気味に迫る「恐ろしい死」をどのように飼い馴らせるかは、自分自身を見つめることにかかっている。モラリストのモンテーニュは、キケロを引いて**「哲学とは死の準備をすることだ」**と喝破《かっぱ》した。

ソクラテスは70歳の時、アテネの民衆法廷で死刑を宣告されたが、自分が死ぬことを少しも恐れなかった。死刑執行の当日まで弟子たちと哲学談義を楽しみ、親友クリトンが苦労して手配した脱獄の勧めも断って、毒杯を仰いだと伝えられる。

ソクラテスにとって「死ぬ」とは、一切の感覚を持たないような状態、いわば夢も見ないで熟睡する一夜か、あるいは身体から解放された魂が地上から冥界へと移住する状態かのいずれかであり、どちらにしても悪いことは一つもない。生きているうちも死んでからも、善い人には必ず神の加護があるという希望を抱いていた。しかもそれは、決して根拠なき盲信ではない。

ストア派の哲学者たちもソクラテスの境地を範として、「恐れることなく死を迎える」ことを人生の理想に掲げたのである。

おいおい
ニウス
さっき
宝石を売りに来た
商人を見て
びっくりしたぜ
そいつ1年前に
解放された
奴隷だったんだ
へえ〜
なんでも
商売が
うまくいって
今じゃ
貴族並みの
生活をしている
らしいぜ
まっでも
おれも
解放されたら
そっち側かな
お前は
ムリそう
だけどな!
まぁ
金に困ったら
いつでも
言ってくれよ
お前を
奴隷として
養ってやるからさ
バシッ
キ〜
どうしたんじゃ
ニウス
聞いて
ください
エピさん!!
ゼニムスに
侮辱《ぶじょく》されたん
です!!

……と言うんですよ！
まったくひどいと思いませんか？
ん？わしは思わんが…
そもそも君は侮辱されたのかね？
君はゼニムスにただたわ言を言われただけではないのか？
まぁ…そうともとれますけど…
もし君がそのように捉えていたら今みたいに感情的になっていたかな？
……
いいかね人は起こることによって心を乱されるのではない
お前はムリそう…
奴隷として養ってやるさ
侮辱された
単なるたわ言
起こることをどのように捉えるかによって心が乱されるのじゃよ

君を侮辱するのは、
君を侮辱していると見なす、
君の考えなのである

記憶しておくがよい。君を侮辱するのは、君のことを口汚く罵《ののし》る者や君を殴る者などではなく、彼らが君を侮辱していると見なす、君の考えなのである。誰かが君を怒らせるならば、その時は君自身の判断こそが君を怒らせたのだと知るがよい。

だからこそ、まず何よりも心像によって拉致されないように努めよ。というのも、一度でよいから自分で考えてみる時間と余裕とを得るならば、君自身に打ち克つのは簡単なことだろうから。

（『提要』20）

負の感情をつくり出す、無意識の「判断」

「怒り」や「悲しみ」などの人間の感情は、総じて他ならぬ自分自身が持つ感情でありながら自分でコントロールすることは難しい。

知人の口汚い一言にカチンと来ると、なかなか怒りが収まらない。失恋して落ち込んでいる時に「元気を出しなよ」と励まされても、そう簡単に立ち直れるものではない。

エピクテトスは、こうした**感情の手前には「判断（ヒュポレープシス）」がある**という。

たとえば、同じ「バカ」と言われるにしても、怒りを伴うような状況もあれば、そうではない状況もある。

昔の失敗談を披露して、友だちに「バカだなぁ」と言われても、別に怒りを感じたりはしないだろう。それは、現在ではなく昔の行動に対して言われていると割り切れるからだ。

この点で感情は、本能的な欲求とは違い、一定の理解や知性を伴っていると言えるだろう。「ちょっと怒ってみてくれる？」と頼まれて直ちに怒るわけにはいかないが、いきなり突き飛ばされたりすれば、理不尽な暴力をふるわれたと判断して、誰しも怒りを発するはずだ。

ただし、その行為に正当な（たとえば、危険を避けるためにやむなく突き飛ばした、といった）理由があって、その説明に納得できれば、怒りはたちどころに収まってしまう。

要は、**負の感情とは自分でも意識しないままに、自らの「判断」がつくり出している**のだ。この例が示すように、外的な行動に注目するだけでは、事態を見誤って判断し、見当違いの怒りをぶつけてしまう可能性がある。

行為にはいずれも動機がある。だから一見、非礼のように見える行為でも、必ずしも悪意から出たものではないかもしれない。相手がなぜそのような行為に及んだのかをよくよく考えてみると、それなりの理由を発見することもある。

こんな例で考えてみよう。机の上に置かれた1枚の紙は、どの方向から見るかで違った形に見える。長方形の紙だって、斜めから見れば平行四辺形や台形に見えたりするだろう。要は、その紙がどのような形をしているかは、視点の取り方次第で違ってくるから、今見えている姿を、直ちにそのまま絶対視してはならない。

現在の自分（の視点から）の見かけを絶対視せずに、**他にも別の見方があるかもしれないと想像し、検討してみる**こと。多様な視点に思い至る想像力こそが、怒りを抑制し、他者に対して寛容な姿勢を育むことになる。

感情に溺れることは、他人が悪いように見えて、その実、**自分の凝り固まった判断から逃れられない**ことであり、自らストレスの種を播《ま》き散らしていることでもあるのだ。

第10話「ぼくってどうしようもない人間なんです…」

ニウスよ聞くが…
君はこの間ゼニムスにもそのように言ったのか？
「ゼニムス君ってどうしようもない人間だなぁ本当に救いようがないよ」と
…いいえ
君の言ったことを思い出してごらん？
それは君にも言えることではないかね？
そうですね…
いいかねニウスよ
人は時に他人に対しては正しい判断ができるのに自分のことになるとできなくなってしまう
君は君自身にかけた言葉を言い直さないといけないね
はい…

君の杯が壊れた時にも、
他人の杯が壊れた時と
同じ態度を
君は取らなければならない

自然の意志は、我々がお互いに意見を異にしないような事柄から、学び取ることができる。たとえば、よその家の奴隷の子どもがうっかり杯《さかずき》を壊してしまった時には、すぐさま「そんなのはよく起こることだ」という反応が手元にある。それならば、君の杯が壊れた時にも、他人の杯が壊れた時と同じ態度を君は取らなければならない、ということを知っておきなさい。

それではこの原則を、もっと重大な事柄にも当てはめてみよう。他人の子ども、あるいは妻が死んだというのか。「人間だから仕方ない」と口にしない者は誰もいない。だが誰であれ自分の身内が死んだ時には、すぐさま「ああ」そして「私は惨《みじ》めだ」などと言う。だが他の人々に関してそんなことを耳にしたら、我々は一体どんな気持ちがするか、思い出してみる必要がある。

（『提要』26）

他人事のように、自分事を捉えよ

友人や知人の愚痴《ぐち》を耳にして、「そこまで気にしなくてもいいんじゃないか」と思ったことはないだろうか。

たとえば、「子どもが言うことを聞かなくて、親として自信をなくしそう……」と落ち込む友人の話を聞けば、心配はするものの、「正直、子どもなんてそんなものだ」と比較的冷静に受け止めることができる。

あるいは、同僚に「仕事の取引で失敗して落ち込んでいるんだ……」と聞かされても、内心では「かわいそうだが、仕事での失敗の一つや二つは当然つきものだ」と思うかもしれない。

具体例を挙げればキリがないが、どんなに悲惨で深刻な事態であっても、その事柄を第三者の立場で冷静に眺めている限り、感情に引っ張られることはあまりない。

だが、ひとたび自分が当事者となるやいなや、対応は一変する。

では、一体なぜ自分が当事者となると、「そんなのはよく起こることだ」と思えないのだろうか。

それは、自分が当事者となると、一時的にせよ視点が凍りついてしまって動かせなくなるからだ。つまり、**今の自分の視点からしか世界が見えなくなってしまう**のだ。その結果、事物を冷静に見つめることができず、怒りや憎しみといった感情がもたげてくる。

エピクテトスは、こうした反応の違いに、**なぜ他人の不幸と同じように、自分の不幸と向き合えないのか**、と問いただす。

たしかに、理屈ではエピクテトスの言う通りだが、いざそれを実行できるかと問われれば、我が身と他人とでは切実さが違うと反論したくなる。

しかし、一時的な感情の沸騰に身を任せてしまうと、視野が極度に狭くなってしまう。さらに、その負の感情を長期にわたって引きずることになれば、精神の健康にもダメージを与えることになってしまう。

ならば、どうすればエピクテトスの教えを実践に生かせるだろうか。

その出発点は、**自分に関する出来事をできるだけ他人事のように捉えてみる**ことだ。自分に起きた出来事を他人事のように考えると、感情の振れ幅は小さくなる。

「自分事として考えよ」という教訓をよく耳にするが、時にはエピクテトスのように、逆の方向から他人事として考えることが、自己を客観視するための良いトレーニングになるかもしれない。

第11話「大切にしているもの」

きれいに咲いておるな
昨日まではつぼみだったのに
それが何か？
ゼニムスよ もし君が大切に育てたら あの花たちはいつまでも枯れずに咲き続けるかね？
えっ？そんなわけないでしょ 花なんて枯れるものなんだから
そうじゃ まぁ それがわかっておるから わしらは花が枯れても心をとり乱すほど悲しまないわけじゃ
ゼニムスよ 君が大切にしているものも両親の形見である前に本来 何であるかを忘れてはいけないよ

愛着を寄せるものがあれば、
これらが「そもそも
どのような性質のものか」を
あえて口に出して言うように

君にとって心惹《ひ》かれるもの、役に立つもの、愛着を寄せるものがあれば、これらが「そもそもどのような性質のものか」をあえて口に出して言うように記憶しておくがよい。それもごく些細なものから始めるのがよい。

もしキュトラ〔湯を沸かすための陶製の壺〕が君のお気に入りであれば、「私はキュトラ壺が好きだ」と言ってみなさい。というのも、そうすれば、その壺が壊れてしまった時でも、君は取り乱すことがないだろうから。君自身の妻子と接吻するならば、「私は人間と接吻している」と言ってみなさい。そうすれば、妻子が亡くなった時でも、君は取り乱すことがないだろうから。

（『提要』3）

不測の事態に備えるエピクテトス流のトレーニング

自分が愛着を寄せているものが、いつまでもそのままであり続けることを願うのは、ごく自然な人情である。だが現実には無論そうはいかない。形あるものは必ず壊れ、愛する者ともいつかは別れなければならない。

そんなことは誰だってわかっているはずなのだが、それでもこの冷徹な事実と空《むな》しい願望との間で、我々は何度も喪失の悲しみに引き裂かれることになる。

エピクテトスは、人間を苦しめるこうした悲しみは除くべきだし、また除くことができると考えている。エピクテトスに言わせれば、悲しみが生まれるのは世界が不条理なのではなく、**人間の態度が曲がっているから**だ。自然によって生じる出来事に善悪はないのだから、事物を正しく見さえすれば、心を乱すほどの激しい感情が生まれる余地はない。

だが、こうした境地に達するには時間をかけた修練が必要だ。

そこでエピクテトスは、誰でも始められるイメージ・トレーニングを勧めている。ごく些細で身近なものでいいので、自分が気に入っているものに向かって「自分はこれを愛している」とわざとらしく自分自身に向かって口にする。こうすることで、それが本来どのような性質のものか、つまり壊れやすく、いつ失われても不思議はない、という当然の事実を改めて思い出し、冷厳な事実に向き合わせられる。

何だか奇妙なトレーニングで、こんなことを実践している人はいないだろうし、そもそもこんな発想は誰も思いつかないように思える。

しかし、古代ギリシアの哲学者アナクサゴラスは、息子の死を知らされて「死すべき者を生んだことは初めからわかっていた」と平然と語ったという。

この逸話を伝えた古代ローマのキケロも、「悪や不幸とみなされる出来事は、突然であればあるほどそれだけ悲惨になる。だから、心づもりと準備は残された者にとって苦痛や悲しみを和《やわ》らげるのに役立つ。人間にとってありとあらゆることは起こりうると考えておくべきで、何かが起こった時にたじろがないこと、何かが起こる前に起こりえないことなど一つとしてないと考えておくこと、これこそが卓越した知恵である」と語っている。

とはいえ、さすがに現代では大事な人の死に直面して「悲しむ必要はない」というのは無理があるかもしれないし、そのためにトレーニングしたいと思う人も少なかろう。

だが、**大事な人や物、そして自分自身ですら、いつかは消え去ってしまうことを想像するだけで、それらとの向き合い方は変わってくる。**いたずらに何かに執着する気持ちも生まれないだろう。いつ失われても不思議はないと考えておくことは、「もしもの時」にたじろがないだけでなく、「今」を豊かに享受する一助にもなりうるのだ。

第12話「生き別れた両親」

君の手には
何もない
わしが 君に
石を与えた
君の手には
石がある
わしが 君から
石を返して
もらった
君の手には
石はない
ニウスよ
君はわしに
石を奪われたと
思うかね？
いいえ
そうは
思いません
いいかね
ニウスよ
君の両親も
もともとすべては
神が与えたものじゃ
でもな
ニウス
神は君に
与えないことだって
できたのじゃよ

何ごとに際しても
「私はそれを失ってしまった」
とは決して言うな

何ごとに際しても「私はそれを失ってしまった（アポーレサ）」とは決して言うな。むしろ「私はお返ししました（アペドーカ）」と言うがよい。
君の子どもが死んだのか？　それは取り返されたのだ。君の妻が死んだのか？　それは取り返されたのだ。私の地所が奪われました。そうじゃない、それも取り返されたのだ。でも奪った奴は悪人です。だが、それを与えてくれた方〔神〕が誰を通じて君に返還を求めようが、それは君には関係ないだろう。たしかに君が与えてもらっている限り、君はそれらを大切にするがよい。ただし、あくまで他人のものとして。ちょうど旅人たちが旅宿をそうするように。

（『提要』11）

「失った」ではなく「返した」

人生で遭遇する様々な不幸の中で、何が最大か——。

そう問われたら、「愛する人との死別」がその上位を占めるに違いない。

エピクテトスに大きな影響を受けたローマ皇帝マルクス・アウレリウスも、皇后との間で子宝に恵まれたものの、多くは夭折《ようせつ》し、14人のうち成人したのは6人だけだった。

医療技術が進歩して乳幼児の死亡率が大幅に減少した現在でも、子どもを亡くす経験は決して稀《まれ》なことではない。むしろ、周囲にその事例を見ることが少なくなればなるほど、それだけ親にとっての衝撃は大きくなる。

死の悲しみが、生前に故人とどれだけ親密な関係を取り結んでいたかに比例することを考えれば、家族の死、しかも老齢の両親ではなく若い妻子の場合はその最大値であろう。

別れの相手は、必ずしも人間とは限るまい。

ペットを飼っている者にとって、最もつらくて嫌な経験は、飼っている動物の「死」であろう。また、自分が毎日愛用している道具が壊れることもそうかもしれない。たとえ生命のないモノであっても、自分の身体の延長のような感覚を持つことは少なくない。

人生は、様々な出会いと別れとで織り成されている。出会いの喜びはすぐにはわからないが、別離の悲しみはダイレクトである。


だがエピクテトスは、「別れ」に対して究極的な見方の転換を示唆する。「失った」のではなく**「与えられていたものを返した」**だけなのだ、と。

では一体、誰が与えてくれたのか？


――エピクテトスの答えは「神」である。

現代人にとって「神」を持ち出すことは難しいかもしれない。「自然」や「宇宙」と言い換えても必ずしもピンと来ないだろう。

しかし、ここには「所有」という考え方についての根本的な見方の転換が示されている。

所有しているものは、初めから自分自身の外側にあるものだから、**しょせんいつかは失う可能性がある**ということだ。

むろん、自分の土地が暴力で奪い取られ、詐欺で騙し取られる――そんな略奪が横行していては、法治国家とは言いがたい。それはたしかに犯罪であり、阻止しなければならない。

一方で、どれだけ安心で安全な世界に住んでいようとも、動物や道具も含めて、我々は有限な存在であり、何かを失ってしまう経験は避けられない。所有しているものは、いつかは失われるのだ。

しかし、我々は「失った」と思うと心に大きな空白を抱え込んでしまい、なかなかその悲しみから立ち直ることができない。

そんな時に、エピクテトスが示すように、財産はもちろんのこと、自分の家族、生命など、これらを自分が所有しているものではなく**「一時的に貸与されているもの」**と考えると、人生をどう見るかについて、まったく新しい展望が開けてくる。


天災と略奪で、財産も家族も失った義人ヨブも次のように語った。


私は裸で母の胎を出た。裸でそこに帰ろう。

主は与え、主は奪う。

主の御名はほめたたえられよ（『ヨブ記』1・21）

神は与えるだけの現世利益的な存在ではない。奪うのもまた神である。

こうした深刻な現実に直面して、エピクテトスの立場は、東西の典型的な宗教的感受性に接近することになる。

キリスト教では、人間を「(現世を)旅する者」(ホモ・ヴィアトール)と理解するが、奇《く》しくもエピクテトスも旅人のように振る舞うことを勧めている。これが、エピクテトスの言葉がキリスト教徒や仏教徒にも愛読されてきた所以《ゆえん》でもある。

第13話「快楽にまみれた人生は幸せ?」

彼は パン職人じゃった
ある日 彼は 元主人に誘われて 初めて闘技場に行った
彼は 心から楽しんだ
だが 次第に 仕事そっちのけで そこへ通うようになった…
ニウスよ 彼は 何を 得たと思う?
そりゃあ 「楽しさ」では ないですか?
そう思うじゃろ?
だが 彼が得たのは 埃《ほこり》だらけの窯《かま》と 大きな後悔じゃった
ニウスよ もうわかったかね?
快楽は 楽しさ以外のものを 生むこともあるのじゃよ
はい… 快楽には 用心します

快楽を遠ざけることで、
どれほど君は喜び、
自分で自分を讃えることに
なるかわかるだろう

君が何かある快楽についての心像を抱く時には、他の場合と同様、その心像によって拉致されないように、君自身のことをしっかり見張っていなさい。むしろその「楽しいこと」にはちょっと待っていてもらい、君自身に猶予《ゆうよ》を与えるように。

そして次には、二つの時間を思い浮かべてみよう。一つは、君がその快楽を享受する時間。もう一つは、いったん享受した後でそれを後悔し、自分で自分を責める時間だ。この二つの時間を較べてみれば、その快楽を遠ざけることで、どれほど君は喜び、自分で自分を讃えることになるかわかるだろう。

たとえその楽しいことに触れる絶好の機会だと思われても、その誘惑や魅力が君を打ち倒さないように、くれぐれも注意を怠るな。むしろ君自身が快楽にすっかり打ち克ったという自覚のほうがどれほど優れたものであるか、較べてみるがよい。

（『提要』34）

目の前の快楽より、日々の小さな苦労

エピクテトスは、ストア派の伝統に従って悪しき感情を「恐怖」「苦痛」「欲望」「快楽」の4つに分類した。エピクテトスにとっての理想の境地は、「行き過ぎた感情に流されずに、自分を見失わないこと」（アパテイア）であった。

ここで「快楽」が悪しき感情のリストに含まれている点が面白い。

わざわざ快楽を遠ざけるのは、人間がどうしても享楽に傾きがちであり、また**快楽にふけるせいで自分の進むべき進路に狂いが生じる**からである。我々が苦しみ悩むのは、過度な苦痛や恐怖に苛まれる時だけではないのだ。

だから、楽しいからといって即座にそれを享受するのではなく、「ちょっと待て」と、**あえて対象との距離感を保つ冷静な態度**が求められる。美味しいものばかりを食べ、運動不足で楽ばかりしていれば、やがて健康を害するだろう。

快楽は、そればかりを追い求めていると、かえって将来により大きな苦痛を背負い込んでしまう。だが我々は、それをわかっていながら、つい見て見ぬふりをしてしまう。

だから、エピクテトスはあえて**現在の小さな苦痛を選択することが、将来における大きな苦**

痛を回避すると説く。

俗に「今日の一針、明日の十針」というように、貯金や節制という考えは、すべてこうした原理にもとづく。禁欲的に生きることが、かえって人生を楽しむことにつながるのだ。目標を決めて少しずつ努力を怠らず、苦労を重ねてようやく大業を達成する喜びは、単なる飲んだり食べたりという感覚的な快楽とは違った経験である。「やったぞ」「できた」という達成感は、大きな自信を生み出すことにもなる。反対に、快楽に流されてやるべきことができなかったことは後悔につながる。

目先の誘惑や魅力よりも、その快楽にすっかり打ち克ったという自覚のほうが、よほど優れたものであることをエピクテトスは伝えている。

第14話 「気の進まない仕事」

なんだかわけもなく怒られそうで…
と言ってもお供しないわけにはいかないし
ニウスよ君は素晴らしいじゃないか!
何がですか?
君はもうすでに起こりうる様々なことを考えておるのじゃから
えっまぁ…
もし実際にそのようなことが起こったとしても**事前に心構えをしておけばむやみに嫌な気持ちにならずに済む**というわけじゃな
ということは君が帰ってきてからわしも愚痴を聞かずに済むということになるな
ははは そうですね

「こんなに苦労すること
なんかなかった」
などとは決して言うな

ある極めて有力な人物のもとを訪ねる際には、次のような事態をあらかじめ思い浮かべてみよう。

君はご当人を〔留守のために〕家の中で見つけることはできない。君は門前払いされる。君の面前で扉がぴしゃりと閉められる。相手は君のことなど歯牙にもかけない。

だがこうした不愉快な待遇を以《もっ》てしても、なお行かねばならぬとすれば、行って、そこで生じる出来事を耐え忍べ。そして自分で自分に対して「こんなに苦労することなんかなかった」などとは決して言うな。というのもそれは、ごく凡庸な者、つまり自分の外部にあるものに対して憤慨する者の言いぐさなのだから。


(『提要』33 1、12–13節)

事前の心構えで、人生の「不快」は大きく減る

帝政ローマの時代には、元老院議員、高級官吏、豪農など社会的な有力者（パトロネス）のもとに、その庇護民《ひご》（クリエンテス）たちがうかがい、相談や要望を持ちかけるという慣習が広く行なわれていた。

しかし、今と違って電話やメールで予定を確かめようがないため、何日もかけて遠方から出向いたのに、肝心のご主人は留守で不在。何日も待たされる場合も稀ではなかった。

また自分のパトロン以外の有力者を訪ねて懇請《こんせい》する場合もあったが、門番や下僕《げぼく》から無礼な扱いを受けたり、取次ぎの便宜《べんぎ》を図るという名目で賄賂《わいろ》を要求されたりすることも珍しくなかったようだ。

こうした時、なぜ自分はこんな扱いを受けるのか、という想いにかられたことだろう。現代でもこれと似たような状況は、意外にたくさん身近に見つかるかもしれない。

エピクテトスは、こうした理不尽な事態について**「自分がある行為を選べば、どのような不愉快な目に遭うことになるか、あらかじめ思い浮かべてみろ」**と言う。「嫌なこと」は考えたくないのが人情であるから、エピクテトスの勧めはあえて日常生活の逆を行こうとする、一種

のイメージ・トレーニングなのである。

嫌なら止《や》めておけばよいだろうが、嫌な思いをしてでもどうしても「行かねばならぬ」場合だってある。

そうであれば、あとは仕方ないと割り切って「そこで生じる出来事を耐え忍ぶ」以外の選択肢はない。いきなり無礼な振舞いに直面して憤慨するのではなく、**あらかじめそうされることを予想し覚悟していれば、我慢することも容易になる**だろう。

そう考え、決して不満を漏らしたり、憤《いきどお》ったりして自分の中に負の感情を惹き起こすことなく、黙々とやるべきことを果たせばいいのだ。そこに付きまとう苦痛や不愉快さは、義務の遂行に伴う必要なコストとして理解すればよい。


どのようなことも人が絡む以上、いつも楽しいことばかりとは限らない。むしろつらくて苦しいことのほうが多いだろう。だが、つらい、苦しいといった否定的な感情に囚われてしまうと、自暴自棄にも陥りかねない。

ならば、起こりうるリスクを想定しておくに越したことはないし、理不尽なことが起きるのを当然だと考えておくほうがよいだろう。嫌な思いをしても、「予想通り」と思えればしめたもの。その心の余裕が、自己の成長の糧《かて》となるのだ。

第3部

人間関係のしがらみから自由になる

第15話 「奥様は本当に嫌な人？」

もし監督者がいなければどうなる？
はい…奴隷たちの風紀は乱れますし…仕事も円滑にまわらなくなります
そうであれば奥様は君にとって悪い面もあるが善い面もあると思わんかね？
口が悪い嫌な人
悪い面
奴隷たちを指揮してくれる人
善い面
ニウスよ人はつい悪い印象にひっぱられて善い面が見えなくなってしまう…
傷つけられたという**偏った先入観で相手を見ている限りいつまでも思い悩むのは君のほう**なのじゃよ
はい

「傷つけられた」と
君が考える時、
まさにその時点で、
君は実際に傷つけられたこと
になるのだ

何が適切な行為かは、あらゆる場合にお互いの関係によって測られる。この人は〔君の〕父親である。とすれば〔君は〕、彼の面倒を見、あらゆる点で譲歩し、叱られても叩かれても我慢することが織り込まれている。

「しかし彼は悪い父親ですよ」。でも君は、本来「善い父親」にではなく、単なる「父親」に対して結ばれているのだ。

「私の兄弟は不正を働きます」。それなら、兄弟に対する君自身の立場をしっかりと守りなさい。彼が実際に何をしているかに注目するな。むしろ、君がどんなことをすれば、君の意志が自然に適《かな》った状態にあるかどうかに注目せよ。

というのも、君が望まなければ、他人が君を傷つけるという事態にはならないからだ。だが、「傷つけられた」と君が考える時、まさにその時点で、君は実際に傷つけられたことになるのだ。だからこのようにして、君がお互いの関係をじっくり観察するのに習熟するならば、市民から、隣人から、将軍から、彼らに対する適切な行為が何かを見つけることができるだろう。

（『提要』30）

偏った先入観が、人間関係の悩みを長引かせる

家庭でも職場でも学校でも近所付き合いでも、およそ人間関係のあるところ、相性の善し悪しや好き嫌いが生じるのはやむをえない。

だが、どうしても憎たらしい上司のもとで働かなければならない、嫌な顧客を相手にしなければならない、苦手な先輩と共にしないといけない、といった場合も少なくないだろう。日常的な悩みやストレスの大半はこうした人間関係から生じている。多少の個人差はあっても、こうした経験に無縁な人はごく稀である。

たとえば自分に対する上司の態度が、他の同僚よりも刺々《とげとげ》しい場合、「自分は上司から嫌われているのではないか」と思い、会社に行くのが億劫《おっくう》になる。

そういった人からすると、エピクテトスの「傷つけられたと君が考える時、まさにその時点で、君は実際に傷つけられたことになるのだ」という言葉は、突き放したアドバイスのように思えるかもしれない。

だが、上司の態度に傷ついて、上司を避けるような行動ばかりしていても関係は改善しないだろう。その結果、いつまでも思い悩むことになってしまう。

エピクテトスの真意は、他人の一面的な言動だけを見て、「この人とは合わなそうだ」と簡単にわかったつもりになってはいけない、という点にある。ここでエピクテトスが、「君がお互いの関係をじっくり観察するのに習熟するならば」という条件をつけている点に注目したい。つまり、**「先入観を捨て、相手、そしてお互いの関係をじっくりと理解するよう努めているか？」**と問いかけているのだ。

毎日顔を合わせるような人間であっても、我々は、その人間の一部始終を見ているわけではない。にもかかわらず、我々は「彼（彼女）は、あの時こんなふうに振る舞ったから」という印象だけで、人を好きになったり嫌いになったりしてしまう。そして、いったん嫌いだとか苦手だと判断してしまった人の行動は、それ以降もなかなかニュートラルに見ることができなくなる。すると、相手の良い面も見えなくなり、関係改善は難しくなる一方だ。

我々は、会社の上司や同僚や友人、家族といった身近な存在をどこまで理解しているだろうか。日常的に顔を合わせているからというだけで、我々は安直に何でもわかったつもりになっているのではないか。

人間関係の縺《もつ》れを解きほぐす糸口を探すために、改めて「この人と私とは、どういう関係か」と自問してみたらどうだろう。**相手に対する先入観を一度取り払い、改めてお互いの関係を見直す**ことで、「もうこんな奴とは付き合えない」という結論以外の余地が生まれるはずだ。

第16話「みんなに嫌われたくない…」

ニウスよ なぜ君は 自分の意志に 目隠しまでして 他人の意志 にばかり 目がいくのじゃ？
なぜ 本来 自由で あるものを わざわざ 自分で 不自由にして しまう？
ニウスよ 君の前に 2つの途《みち》が あったとしよう
はい
君は それらを 同時に歩むことは できるかね？
いえ… できません
今 君の前には 2つの途がある 1つは 自分の意志に沿って 歩んでいく途 もう1つは 他人の意志に合わせて 歩んでいく途 君は どちらの途を 選ぶかね？
自分の意志
他人の意志

自分自身に
そう思われるだけでよい。
それで十分である

誰かに気に入られたいと願うあまり、外に目を向けてしまうという事態が一度でも君に起こるならば、君は自分の計画をぶち壊したのだ、と知るがよい。だからどんな場合でも、君が現に哲学者であるという事実で満足せよ。だが哲学者だと思われたいということまで望むなら、自分自身にそう思われるだけでよい。それで十分である。

（『提要』23）

過剰な承認欲求が、我々を奴隷に仕立てあげる

誰だって、自分が好きな相手や友人、尊敬する人物に気に入られたいという願いをひそかに抱いているものだ。化粧や服装でも、まずは「恥ずかしくないように」という身だしなみや礼儀から始まるが、さらに積極的に自分を美しく、かっこよく見せようと装い飾り立てるのも、すべて他人の視線を意識してのことである。

一方で、人を愛することは自分次第だが、人から愛されるのはそうはいかない。相思相愛なら申し分ないが、自分がいくら好きだからといって相手から同じように好かれるとは限らない。いろいろな場面で生じる、愛されたい、好かれたい、気に入られたい、という願いは総じて「承認の欲求」とでも言えようか。

これは確かにごく自然な人間の欲求ではあるが、その願いが叶えられない時、人は悲しんだり、諦めたり、挫折を味わいながら、嫌でも人生の冷厳な現実を思い知らされるのである。

そして、この欲求が強すぎるといささか問題が生じてくる。何としてでも気に入られたいと願う瞬間、人は奴隷になる。いつの間にか**自分の行動原理を他者に握られてしまう。**

目上の人に対して礼儀正しいのはよいけれど、会社の上司や学校の先生、有力者や権力者に

対して、必要以上に卑屈《ひくつ》になる人や諂《へつら》う人がいる。いつでも他人の顔色を窺いながら振る舞う生活は、奴隷の最大の特徴である。自分の感情や好悪を隠し、ひたすら主人の機嫌に応じて右往左往することになるから、どうしても面従腹背《めんじゅうふくはい》、二重人格、機会主義者、風見鶏《かざみどり》……要するに個性を押し殺した「特性のない人」になってしまう。

そういう意味では、奴隷制は何も古代世界にあった過去の遺物だとは言い切れない。現代社会のいたるところに奴隷制はなお生きている。

奴隷の両親から生まれたエピクテトスは、当然のことながら若い時期は奴隷として暮らしていた。だから年季明けで主人から解放されてからは、何よりも「真に自由な生き方」を自覚的に追究したのかもしれない。

だからこそエピクテトスは、他人からではなく「自分自身にそう思われればよい」と説いた。**他人からの評判を気にするあまり自分を見失うことなく、真に自由でいられるようになれ**と言っているのだ。

仕事においてもプライベートにおいても、他者から誤解され、実態と評判とが食い違う場合もあるだろう。だが、あえてそうした誤解や過小評価に甘んじて、他人に「そう見てもらいたい」という欲望に身を委《ゆだ》ねないことが大切である。まさにその点にこそ、エピクテトスの言う「哲学者」の本領がある。

第17話「道端にいた酔っ払い」

隣人たちはみな
知っていたのさ
その日の前夜
彼が最愛の妻を
亡くしていたことを
いいかねニウス
人は行動する前に
考えがある――
〝思うからする〟のじゃ
悲しみに
耐えられ
ない…
他人がどういう思いで
その行動にいたったかを
知らないで
誰かの善悪を判断することは
できないのじゃよ
ニウスよ
もう一度
聞くが
君がさっき
見た人は
本当に
だらしない人
なのか?
…いえ
わかりません
ただ道端で
寝ていた人
というだけです

当人の考えをきちんと
識別しないうちに、
それが本当に悪いかどうかを
君はどこから知るのかね

ある人が素早く入浴する。「彼は入浴の仕方が悪い」とは言うな。「素早く入浴する」と言いなさい。ある人がたくさん酒を飲む。「彼は飲酒の仕方が悪い」とは言うな。「たくさん酒を飲む」とだけ言いなさい。というのも、当人の考えをきちんと識別しないうちに、それが本当に悪いかどうかを君はどこから知るのかね。そのように慎重になれば、君が何かある事実について把握可能な心像を摑《つか》んでいながら、それとは別の事柄〔価値〕について同意を与える、などというおかしなことにはならないだろう。

（『提要』45）

他人の振舞いに対して寛大になるために

古代のローマ人は日本人と同じく、大の風呂好きな民族だった。首都ローマはもとより、帝国の各地に大規模な公衆浴場（バルネア）や温泉（テルマエ）が発達した。かつての日本の銭湯というよりは、もう少し規模の大きな総合レジャーセンターといったところかもしれない。ローマ市内には「カラカラ」や「トラヤヌス」など皇帝の名を冠した浴場の遺跡がいくつも残っており、英国のバースやドイツのバーデンなどの地名にもその名残をとどめている。

入浴は儀式でも何でもなく、ごく私的な行為だから、早いか遅いかにはどうしても個人差がある。人によって「烏《からす》の行水」もあれば「長風呂」もあろう。記録によれば、ほとんど一日中、浴場にいる人もいたようだ。

ただし、急いで入浴するのは急いで髭《ひげ》を剃《そ》るのと同様に、ともすれば洗い残しになりやすい。だから清潔《きれい》好きの人から見れば、皆が利用する公衆浴場での「烏の行水」は、いささか顰蹙《ひんしゅく》を買うことになる。

「彼は入浴の仕方が悪い」と言いたくなるような場面は、他にも容易に想像できよう。現代でも何にせよ、自分とは違った流儀での他人の行動は不愉快に映るものだ。

集合住宅に暮らす住民の間で「あの家は、ゴミの出し方が悪い」というのはよくある話で、日常的なストレスの原因になる。他にも、夫婦であれば「部屋を片づけてくれない」「積極的に子育てに参加しない」、友人であれば「時間を守らない」「約束をすっぽかす」など、そのような状況は枚挙に暇《いとま》がない。これらの事実を前にして、直ちにそれを善悪と結びつけて評価するのは、ごく自然に我々がやっていることである。

だが翻って考えてみるならば、その行為の善悪は一体何で決まるのだろうか？

それには、行為者当人が何を意図していたか、動機や目的が決定的に重要である。そうだとすれば、我々は他人の行動の表面だけを見て、その意図を正確に見抜くことなしに**軽々に行為の善悪を判断するわけにはいかない。**

たしかにある人の振舞いが、そばにいる人に不快感を惹き起こしたことは事実である。だが直ちにそれを、全面的に「悪い」と即断してしまってよいのだろうか。常識の前で立ち止まるエピクテトスの問いかけは、実は素朴なのである。

場合によっては、何かやむを得ない事情が隠されているかもしれない。習慣の違いもあるだろうし、躾《しつけ》ができていないという教育の欠陥かもしれない。

いずれにせよ、何らかの「無知」のゆえにそうした不適切な行動に及んだとすれば、そこには考慮すべき事情や当人が反省すれば改善できる余地がある。何かを見て、すぐに評価と直結する日常の態度を反省し、事実判断と価値判断をきちんと切り分けなければならない。**問題は、行為自体ではなく行為者の意図や動機**なのだ。それをエピクテトスは「当人の考え（ドグマ）を識別する」という言い方で表現する。

同じことは、実は我々の五感にも当てはまる。

我々の心には、感覚や記憶を通じて実に様々な印象が流れ込んでくる。部屋の中は少し暑いし、窓の外では太陽が眩《まぶ》しい。たった今、口にしたコーヒーはちょっと苦いし、時計を見ると針はちょうど午後2時を指している。

これらの様々な「心像」（ファンタシア）は多くの場合、事実をそのまま映しているようだが、すべてがそのまま真とはならない。

錯覚や錯視といって、うっかりすると誤った判断に導く心像もある。コップの水に斜めに入れた棒は曲がって見えるし、物音が少しずつ大きくなると、それだけで何かが近づいてくると想像してしまう。

このように、特に意識することなく毎日行なっている我々の感覚や想像や判断に、エピクテトスは改めて反省の目を向ける。**事実を把握するところで立ち止まれ。そこから先の、善悪の価値判断を下すには慎重であれ**、と。

我々が正しい認識を持つこと、少なくとも誤った即断に陥らないように慎重になること、それが今も昔も、独善的な正義感を振り回すことなく、他人の振舞いに対して寛大になれるための道なのである。

第18話「こづかいの代わりに得たもの」

ニウスよ 君は ゼニムスのようにするのは嫌だ やりたくない
でも こづかいは 得たい
それは 欲張りでは ないかね？
……
ところで君は こづかいのかわりに 何も持たぬ というのか？
何も持って いませんよ…
何を 言っておる！ 君は 持っているでは ないか!!
おべんちゃらを 言いたくない人に おべんちゃらを 言わない 媚びたくない人に 媚びない
そんな **意志の自由**を 持っているでは ないか
えっ…
彼は それと引き換えに こづかいを 得たのじゃよ

他人と同じことを
しないでいながら
同じものを
要求することはできない

「我々次第でない」物事を手に入れようとして、他人と同じことをしないでいながら同じものを要求することはできない、ということを記憶しておくがよい。

【中略】

どなたかの宴席に君だけ招かれなかった、と言うのか。それは、食事が売られるだけの値段を君が招待主に支払わなかったからだ。招待主の方は、お愛想と交換に、お世話と交換に、食事を売っているのだ。もし君がそれで得になると思うのなら、それが売られるだけの値段に見合う代価を払えばよい。だが代価は払いたくないが愛顧は得たいと望むのなら、君は貪欲で愚か者だ。

ところで、君は食事に代わるものを何も持っていないというのか。そんなことはない、君は自分が褒めたくもない相手に愛嬌をふりまくことも、屋敷の入口にいる者どもの無礼を我慢することも、しないで済んだではないか。

（『提要』25）

「不公平」など、実はこの世に存在しない

会社や学校で、あるいは家族の中でさえ、およそ人間関係のあるところには、同じような立場にある者と比較して、自分だけが不当に疎《うと》まれているのではないか、嫌われているのではないか、差別されているのではないか、といった被害者意識が生まれるものである。

ここでの文章は、おそらくそうした経験をもとに、世の中の不公平や不条理を訴えてきた人に対してエピクテトスが語った訓戒だろう。当時のローマ社会では、富や地位のある名士《パトロン》の屋敷に毎朝のように庇護民《クリエンテス》が訪れ、様々な要望や相談を持ちかける習慣があった(126ページ参照)。

訪問者たちは主人の家にやってくると、まず玄関奥にある中庭で順番を待ち、自分の番が来ると奴隷の案内係に伴われて執務室で主人と面会する。現代であれば、病院の待合室と診察室を想定すればよい。

その時、いつまでたっても順番が来なかったり、後から来たはずの客が自分より先に通されたりしたら、同じ庇護民の立場なのに不公平だ、あいつは自分より厚遇されている、何で差別するんだ、と誰しも不満に思うだろう。現代の我々だって、結婚披露宴に誰を招くか、旅行のお土産を誰に渡すか、常日頃から自分の知人たちを仕分けしながら暮らしている。

だが、こうした「不公平だ」と不満や失望を抱く者を諭すエピクテトスの態度は実に冷静で

ある。

会社の上司・同僚であれ友人であれ、招待をしたり土産を渡したりする対象に選ばれるかどうかは、それに先行する自分の働きかけ次第である。つまりそこでは、商品の売買のように、**行為や恩義の相互交換が行なわれている**ことになる。

たとえば、自分には渡されなかったお土産を誰かがもらっているとすれば、その人は、お追従であれ奉仕であれ、何らかの贈答や営業努力をしているはずだ。別の言い方をすれば、自分が土産をもらえなかったのは、**もらえた人と同じような行動をとっていないから**であろう。

にもかかわらず、「土産をもらえなかった」と嘆くような人は、エピクテトスからすれば、貪欲で愚かな者に分類される。それはレストランの前で、お金を払わずに「食べられなかった」と言っているようなものだからだ。

面白いのはここからだ。土産の例でいえば、エピクテトスは、「土産をもらえなかった人は、本当に何にも得ていないのか？」と問いかける。そんなことはない。土産をもらえなかった人は、**褒めたくもない相手に余計な愛嬌を振りまいたりせずに済んでいる**ではないか、とエピクテトスは言う。

一見、理不尽に思えるような待遇を受けた場合でも、このエピクテトスの考え方を思い出してみよう。誰かと較べて不公平だと感じたとしても、自分は余計なお世辞を言わなくて済んだのかもしれないと考える。それで心が軽くなればしめたものだ。

第19話「切っても切れない関係」

ニウスよ
彼らは盗んだ人盗まれた人というだけの関係なのか?
いいえ…兄と弟という関係があります
弟は自分の兄という側面を忘れてしまっているのじゃろう
前にも話したじゃろ?
悪い面に囚われているといつまでも人間関係に思い悩んでしまうと
はい…
それは「家族」であればなおさらなのじゃよ
知人とは違い血縁関係は容易に切れるものではない
盗んだ悪い奴
かけがえのない存在
家族関係に悩んだ時こそ先入観を持たずに相手を見ることが大切になるのじゃ

もし君の兄弟が
不正をはたらくならば、
「不正をはたらく」という
こちら側から
それを摑んではならない

あらゆる事柄には二つの柄《え》〔持ち方〕があって、一方を摑めば持ち運べるが、他方を摑んだのでは運べない。
もし君の兄弟が不正をはたらくならば、「不正をはたらく」というこちら側からそれを摑んではならない（なぜなら、こうした持ち方ではそれを持ち運べないから）。むしろ「彼は兄弟だ」「一緒に育てられた仲だ」という別の側から摑むように。そうすれば、君はそれを運べるものとして摑むことになるだろう。

（『提要』43）

あの人とはそもそもどのような関係なのか？

「切っても切れぬは親子の縁」という古い格言がある。配偶者や友人は選べるが、親だけは選べない。兄弟もそうだろう。「あいつとは付き合えない」という相手で一番困るのは、それが家族の中にいる場合である。

古代の文学作品にも血縁関係の難しさを示唆する例が少なくない。旧約聖書では、兄カインが弟アベルを妬《ねた》み殺したのが人類最初の殺人であるとしているし（『創世記』4・8）、最古のギリシア文学でも、遺産相続で不正をはたらき、兄の分まで強奪した性悪で怠惰な弟ペルセースを戒《いまし》めるヘシオドスの教訓詩（『仕事と日々』）がある。

エピクテトスの周辺でも、時として血縁関係での悶着や訴訟を不条理な事案として訴えてくる門下生が多かったのだろう。今も昔も、好き嫌いとは関係なく「あいつとは付き合えない」と言えないから、どうにも困るのが家族との関係なのだ。今日でも、血縁関係のトラブルは新聞や週刊誌の「人生相談」に持ち込まれる定番の悩み事である。

エピクテトスはこれに対して「二つの柄《え》」の例を持ち出す。包丁やナイフなどの刃物はすべて、持ち手と刃先の部分の両方から成っている。筆やペンなど筆記用具でもよい。野球のバットやテニスのラケットでもよい。必ず一方の端に握る部分があって、それを逆にして握るわけにはいかない。家族や友人関係、職場の同僚などの人間関係も同様で、正しい柄の持ち方がある。しかし我々は、本来の関係（柄の持ち方）以上に相手に求めすぎたりしてしまい、ともすれば自らナイフの刃先を摑《つか》むような関係をつくり出してしまう。

では一体どうすればよいか――。そのためには「彼と私は、そもそもどのような関係に置かれているか」という**基本的な人間関係（柄の持ち方）を改めて見つめ直す**ことが大切になる。

エピクテトスによれば、互いの立場によって「適切な行為」の範囲が定まってくる。その人がどんな性格であれ、父であれば、息子であれば、嫁であれば、相手に何をすべきかが決まってくる。これを想起することが、現在の行き詰まっている人間関係を打開する道だという。

こうして人間関係を、**現在の立場という唯一の視点から眺めるのではなく、相手に対する義務や恩義や感謝の念もあわせて見直してみる**こと。それらを考えあわせれば、全面的な負の感情とは異なる態度で、家族に接することができるかもしれない。

「それで問題が本当に解決するのか？」と問われるかもしれない。だが、相手の直近の印象だけに気を取られると、過去の良い経験も忘れてしまいがちだ。だとすれば、別の柄を考えてみるのは、感情の暴走を防ぐ一定の効果を発揮するに違いない。

原文にある「持ち運べる」（フォレートン）とは「我慢できる」と訳すこともできるし、エピクテトスも同時にその意味を込めていたのかもしれない。切っても切れない縁だからこそ、短慮は禁物である。

1週間 休憩なしなんて
ほんとに最悪だな…
ほんとだぜ!!
こうなったのも
ぜんぶアイツの
せいだ!
オレ体調
悪いから!
アイツ
ったく
連帯責任
かよっ!!
くそっ
ニウスよ
君も「最悪」と
言っておったが
君も
彼のせいだと
思うのかね?
はい!!
あっ……
いえ…
ぼくのせい
でしたね
ぼくがこの事態を
最悪だと思って
しまったから
ですよね
うむ
そうじゃのう…
だが 軽々に
自分を責めるのも
考えものじゃぞ

人は 自分にとって
嫌なことが起こると
すぐに悪いことだと
決めつけてしまう
あー こんなに休憩って ありがたいこと だったんだー
あの時のことが なかったら 気づけなかったなー
だが もしかしたら
その評価は
後に変わることだって
あるかもしれない
いいかね ニウス
事実は 事実でしか ないのじゃよ
すぐに一喜一憂せず ありのままを見る——
そうすれば いたずらに相手を 非難することも 必要以上に 自分を責めることも なくなるじゃろう
そうですね

他人をも自分をも
非難しないのが
教養のできた者の
することである

自分が不幸な場合に、そのことの原因となった他人を非難することは、無教養な者のすることである。自分自身を非難するのは教養の初心者のすることである。他人をも自分をも非難しないのが教養のできた者のすることである。

（『提要』5b）

最も幼稚なのは、他人を非難すること

事故や失敗など、思いがけず不幸に直面した時に、人は誰しも他人のせいにしたくなるものだ。「卒論を書けなかったのは教授の指導が悪かったからだ」「この取引がうまくいかなかったのは部長のせいだ」という具合に、自分の責任は棚に上げ、身近な他人に責任を転嫁しようとする。幼稚な反応だが、ある意味では人間の心理に共通の傾向だとも言えよう。

もちろん「責任追及」や「原因究明」が必要な場面もある。医療事故や官僚の不作為など、泣き寝入りしないで告発することが、社会正義の実現のために求められる場合も少なくない。

『語録』を読むと、エピクテトスの学校では、こうした事例を取りあげて、どう考えたらよいかを生徒に実際に答えさせたり討論させたりしたようだ。

原文訳に書かれている「**無教養の者**→他人を非難する」「**教養の初心者**→自分を非難する」「**教養のできた者**→他人をも自分をも非難しない」という3種類の態度は、エピクテトスの学校で実践されていた知的・道徳的発達の過程を示す指標でもある。

エピクテトスによれば、ある出来事が幸か不幸かを決めるのは、客観的な事実の側ではなくて、自分がそれをどう評価するかにかかっている。だが、大抵の人は知らないうちに価値判断を下している自分自身に気づかない。事態を冷静に眺めれば、単純に誰かが悪いとも言えない

し、悪いのは実は自分かもしれない。

哲学を学んでそのことに気づき、自分に原因があると考える――。それは、やたらと他人のせいにするような野蛮な態度に較べれば格段の道徳的な進歩といえるかもしれない。だが面白いことに、エピクテトスはこの段階も「教えられ始めた段階」（教養の初心者）と表現する。**自分自身を非難する態度も、まだ十分ではない**とみなすのだ。

なぜか。エピクテトスは「自分自身への非難」と真の「反省」とは似て非なるものと考えたからだろう。たとえ不幸だと思われる出来事であっても、それは事柄の一面にすぎず、別の見方だってあるかもしれない。時間が経ってみれば、かえって失敗や不幸が意味を持つこともあるし、またその逆も然《しか》りである。

いずれにせよ、他人であれ自分であれ、闇雲に「非難」を向けるのは、正しい認識を曇らせてしまう。だからこそ、当事者でありながらも冷静に事実を見つめ、安易に**「他人をも自分をも非難しない」**という達観した立場に立つことが、エピクテトスの目指す教育の目標であった。

ただし、「教養のできた者」の態度は「自分の不幸は誰のせいでもない」として責任をうやむやにしてしまうことではない。エピクテトスならば「自分を甘やかすこともまた、事実を認識する目を曇らせることになる」と戒めるに違いない。**いったん感情は脇において、事実を事実として受け止める。慌てて一喜一憂しない。**その境地に至るための第一歩として、「他人をも自分をも非難しない」というエピクテトスの助言を活かしたい。

第4部

真に成長し、よく生きる

第21話 「本当の進歩」

エピさん ぼくエピさんと出会う前に比べると少しは進歩しましたよ
ほおー
伝染病とか災害とか……
自分で避けられないものを避けたいなんて思わなくなりましたし
他人の意志は他人のものだとわかっているから
誰かに何かを求めすぎることもなくなったし
心が乱れてもその原因は自分の考えにあるとわかっているから
他人を不用意に責めなくなったし…
ねっ 進歩したでしょ？
ほぉ〜 たしかに成長しておるな
でもな ニウス
そこで慢心してしまえば結局は元通りじゃぞ
うっ…

いいかね
ニウスよ――
人間とは
自分の驕《おご》りや先入観
偏見には気づきにくいものじゃ
驕り
偏見
先入観
だが **それらがあると**
物事を正しく
認識できなくなる
ぼくは他人とはレベルが違うのさ
フフフ～ン
驕り
貴族には嫌な人が多い
知識のない奴はダメな人間
偏見
先入観
そうなれば君は
これまで学んできたことを
果たして
実践できるじゃろうか？
そうならぬために
自然と自分の心に
注意を向けられるように
ならねばならん
それが本当の意味で
進歩したということに
なるのじゃよ
なるほど…ぼくは
まだまだですね

秘かに待ち伏せしている
敵であるかのように、
自分自身を
監視しているのである

進歩した者のしるし――彼は誰のことも咎《とが》めない。誰のことも褒めそやさない。誰のことも非難しない。誰のことも責めない。自分自身については、ひとかどの者であるとか、何かを知っている、とは決して語らない。人から何か邪魔されたり妨害されたりした時は、「相手ではなく」自分自身を責める。

たとえ誰かが彼のことを褒めそやしても、自分では心ひそかに褒めた人のことを笑う。また咎められても、言い訳は一切しない。彼は病み上がりの患者のように、すっかり治るまで、快復した身体の一部を動かすのに注意しながら、ゆっくりと歩き回る。

欲望は、ことごとく自分から退《しりぞ》ける。忌避は、「我々次第であるもの」のうち、自然に反したものだけに限定する。何ごとに対しても「是が非でも」などとは拘《こだわ》らない。愚かだとか無知だとか思われても、一向に気にしない。一言でいえば、あたかも秘かに待ち伏せしている敵であるかのように、自分自身を監視しているのである。

（『提要』48）

負の感情の根源は「自己欺瞞」

いかにすれば「自己欺瞞《ぎまん》」に陥らないで済むか――。

エピクテトスの哲学はひたすらこの点に集中している。

「自己欺瞞」という言葉は、あまり身近ではないが、辞書を引くと、「自分で自分の心を欺《あざむ》くこと。自分の良心に反する言行をすること」（『大辞林』第3版）と説明されている。

簡単に言ってしまえば、「自分に都合のいい解釈をする」ことだと言えよう。人間には誰しも自己承認の欲求が潜むから、どこかで自分を肯定したいという無意識の動機が働いてしまう。そのため、良い評判は歓迎するし、悪い評判は無視しがちになり、「見たいものだけ見る」という結果になる。これこそが、自己欺瞞の状態だ。だからこそ他人への評価と較べて、自己評価はどうしても甘くなりがちなのである。

では、なぜエピクテトスは「自己欺瞞に陥らないようにせよ」と伝えているのか。

それは、**自己欺瞞こそ負の感情の根源**となるからだ。

「自分に都合のいい解釈をする」とは、つまり先入観や偏見を顧みず、誤った認識を抱え込んでいる状態にある。そのような状態では、エピクテトスの哲学の核心である「我々次第であるもの」と「そうでないもの」を正しく見極めることはできない。自己欺瞞に浸ることは、自ら泥沼に足を踏み入れていくようなものであり、結果として様々な負の感情につかまってしまうのだ。

では、自己欺瞞に陥らないためにはどうすればいいだろうか。

エピクテトスは、「待ち伏せしている敵であるかのように、自分自身を監視する」と、ギョッとするような表現でアドバイスしている。**自己欺瞞に陥らないよう、自分自身にこそ警戒の目を光らせる**ことがエピクテトスの訓戒の核心なのだ。

たとえば我々は、日常生活で自他を問わず数多くの評価をくだしている。ニュースを見ては誰かをけなし、仲の良い者で集まっては誰それの評判についてとりとめもない会話を交わしている。また、自分自身に対しても、「今期は成績がよかったから、上司の評価も多分いいだろう」と気づかぬうちに評価をくだしてしまう。

それらをいきなり封印することは無理だとしても、自分がくだした評価がどういう根拠にもとづいているのか、**そこに先入観や偏見が入り込んでいないかと顧みる**ことはできるのではないだろうか。少しでもそこに先入観や偏見を見つけることができたなら、それが成長への第一歩になると言える。

自身の偏見や欠陥について、我々は日頃、あまりに無反省だ。古代とは比較にならないほど膨大な情報が溢れかえる今日においてこそ、エピクテトスの訓戒はその真価を発揮する。

第22話「誇っていいもの、ダメなもの」

人はみな
地位・名誉・財産
肉体・容姿などを
自慢したがる
へへーん
すごいだろー
40年後
自慢の
筋肉が…
だがなニウス
それらは本当に
「真に自分のもの」と
言えるじゃろうか？
君は常々
心の中に浮かぶ様々な事柄を
吟味し判断しておるのじゃろ？
我々次第である
ものか？
我々次第ではない
ものか？
そうした**意志こそ**が
自分が唯一
どうにかできるものであり
「真に自分のもの」なのじゃよ
ニウスよ
もう一度
聞くが
君に
誇れるものは
あるかね？
はい！
あります

「私は美しい馬を持っている」
と言うな

どんなものであれ、他人の持っている利点で得意になってはいけない。仮に、馬が得意になって「私は美しい」と言うとしても、それならまだ我慢できるだろう。しかし、君が得意になって「私は美しい馬を持っている」と言うなら、君は馬の善さで得意になっているだけなのだと理解しなさい。

では「君が持っているもの」とは一体何か。それは「心像を用いること」だ。だから君が、心像を用いる際に自然に適った状態を維持することができるとすれば、その時点では得意になってもよいだろう。というのも、その時にこそ、君自身が持っている何らかの善さで、君は得意になっているのだから。

（『提要』6）

年収や財産を自慢するなんて、勘違いも甚《はなは》だしい

我々は、つい「自分ではないもの」を自慢してしまう。

バブル経済の時代には、「かっこいい車に乗っている」ことが若い男にとって異性にモテるための必須条件だったらしい。しかし当然だが、かっこいいのは車であり、自分ではない。

エピクテトスの時代では、その車は「馬」だった。古代人にとって馬とは何よりも高速で移動できる乗り物だから、現代人にとってそれはまさに自動車に相当する。だから毛並みがよくて見栄えのする馬を手に入れれば嬉しくなり、どうしても自慢したくなる。こうした心理は今も昔も変わらない。

だからエピクテトスも、「君が得意になって『私は美しい馬を持っている』と言うなら、君は馬の善さで得意になっているだけなのだと理解しなさい」という言葉を残している。美しいのは「馬」なのであり、**所有している「自分」だと勘違いしてはいけない**と伝えているのだ。

これは、何も乗り物だけではない。都心の一等地で豪邸を構えていること、高級ブランドの服や鞄《かばん》を持っていること、美人の妻や出来のいい息子を持っていること――総じて地位や資産など「善いものの所有」こそが、その所有者の価値を決める、と我々は思いがちである。

だから所有できるアイテムの合計が多ければ、それだけ幸福な暮らしができると信じて、そ

れを可能にする「年収いくら」という数字だけが、職種や仕事の内容を問わずに独り歩きする。エピクテトスは例によって、こうした世間の常識に「待った」をかける。いくら私の所有物が素晴らしい価値を持つとしても、それは**所有者である私自身の善とは別物である**、と。

では真の意味で「私が持っている」利点とは何だろうか。それは、私自身と切り離せないもの、喪失する可能性のないもの、私自身のあり方の一部を構成するもの、でなくてはならない。所有物でないとすれば、家柄、学歴、容姿、健康などの要素だろうか。それとも名誉や勲功、家族・友人、知識や経験、人柄や徳性などの条件だろうか。

エピクテトスの回答は、こうした様々な人間的諸条件をすべて通り越して、意外なことに、ただ一つ**「心像を正しく用いる」という能力**に焦点を結ぶ。

心像を正しく用いるとは、**自分の心や意識の働きが適切かどうかを判断すること**、つまり前項でも伝えた「自己欺瞞に陥らないこと」なのである。

自分の見方に偏見や先入観が含まれていないか。欲望を適切に抑えることができているか。このような心の働きこそが、自分でどうにかできる、**唯一にして最後の拠点**なのだ。

何かをひけらかしたり、自慢したりしている人間の大多数は、しょせん自分以外の何かを得意がっているにすぎない。自分が得意になっていいのは、「心の働き」を適切な状態に維持している時だけなのである。

第23話「心に目を向けるようになったら…」

はい……ぼくは心に向ける時間を多く持ちたいんです
じつは ぼく…エピさんに出会うまでいつも心が重かったんです
落ち込んだり不安になったり……
でも…心に目を向けるようになったらだんだん心が軽くなってきて
余計なことに悩み苦しむことも減ってきたんです
ぼくには関係ないこと!!
ぼくはいつもこの喜びを
感じていたいんです
あ〜エピさ〜んぼくのこと感心してます?……あれ??
ガーガー

あらゆる関心は
自分の心に向けるべきである

身体に関する事柄に長いこと時間を費やすのは、愚かさの証拠である。たとえば、長時間身体を鍛えたり、長時間食べたり、長時間飲んだり、長時間排泄したり性交したりすること。むしろこれらのことは、ほんの片手間にしなければならない。あらゆる関心は自分の心〔が何を考えているか〕に向けるべきである。

（『提要』41）

快楽は手短に。心への関心を手厚く

飲・食・性は、言うまでもなく他の動物とも共通する人間の最も基本的な欲求であり、また同時に快楽の源泉でもある。

この快楽こそが幸福な生き方の実質だと考える「快楽主義」（ヘドニズム）は、どんな文化圏にも広く見られる、素朴だが強力な思想である。他方で「こうした快楽主義の考え方は品がない、楽しければよいではすまない」とする反快楽主義の考え方も根強い。

第一、美味しいものを好きなだけ食べていれば病気になってしまうだろう。快楽をひたすら追求すれば、やがて苦痛を引き込んでしまう、という快楽主義の逆説がここにある。

さらに、最初の一杯は美味《うま》い銘酒でも杯を重ねるうちにさほどでもなくなってくるように、どんなに楽しいもの、どんなに美味しいものでも、その効用にはおのずと限界がある。

だから、次々に目新しさを追いかけるあまり、美食の追求が嵩《こう》じて珍味からゲテモノ食いに至り、性愛が次第に俗悪で倒錯したエログロ趣味に至るという例は、洋の東西を問わない。

古代ギリシア・ローマのエピクロス派は、後代の「エピキュリアン」（快楽主義者、美食家）という名称とは裏腹に、酒を飲まずに水だけ、またバターを塗らないパンだけという質素な食生活を実践し、世間的な名声を離れて「隠れて生きる」ことを理想とした。

それは過剰な快楽が取り去られた際に、一転して苦痛に転じてしまうことを恐れたからである。冷房の効いた部屋から暑い戸外へ出た時の不快感は言うまでもないし、贅沢な暮らしに慣れて「舌が奢《おご》る」ようになれば、普通の食事では満足できなくなる。

だから積極的に快楽を追求するのではなく、むしろ余計な苦痛を背負い込まないようにすることが、生涯にわたってできるだけ快適に生きることにつながる――。エピクロス派の快楽主義はむしろ「無苦痛主義」とでも呼ぶべきものであり、しかもそれは極めて慎ましい質素な生活を通じて実現するのであった。


これに対してストア派は「禁欲主義」の代表である。

もっともエピクテトスは快楽全般を一律に悪いとして、すべてを敵視しているわけではない。これらの快楽に**「長いこと時間を費やすな」**と戒めているだけなのだ。

ゲームをしたり、音楽を聴いたり――こうした人間の諸活動から「快楽」は生まれる。そして、いったん生まれた快楽はその活動を促進し、当人の関心を集中させる。だから「好きこそものの上手なれ」という具合になる。

好きなことは放っておいても長時間かけるし、そのことでますます熟達していく。誰しも、好きなことや楽しいことをいったん始めれば、それこそ「はまって」しまい、それを途中で打ち切ることは難しい。

身体的な快楽の場合も同様で、ついつい杯を重ねては飲み過ぎ、食べ過ぎに陥ってしまう。

ここで面白いのは、エピクテトスが「身体を鍛える」ことについても快楽の一種として取り上げていることだ。「ランナーズ・ハイ」のように、多少の苦行が伴うスポーツでも興奮してくると「やり過ぎる」場合がある。そうなれば「薬」になりそうな健康的な行動でもかえって害になる。

こうした自分の身の回りの快楽にどのように処するかは、幸福な生活への重要な鍵を握っていると言える。

だから、エピクテトスは**身体的快楽によって我々の合理的な判断が曇らされてしまう点にこそ問題がある**と考え、こうした快楽は片手間に短く済ませ、その分だけ自分自身の心の中の動きを注視することを勧めている。


我々は日頃多くのケースで、果たして自分の判断が正しいのか、自分は何を欲求しているのか、その欲求は妥当なのかをほとんど顧みることなく、その都度の欲求に身を任せているのが実情だ。

雑踏を歩きながらも四六時中スマホばかり眺めている人々は、何だか魂を吸い取られているようにも見える。いくら便利な機器が普及しても、適切な使い方をわきまえている人は限られている。ヴァーチャルな匿名の人間関係に悩んだり、どうでもいい「情報」に振り回されたり、現代人は目先の快楽に「長いこと時間を費やす」ツールを手にしたことで新たな悩みを抱えてしまった。

今こそエピクテトスの言葉を噛みしめる時かもしれない。

第24話「物知りなゼニムス」

もし君が
ゼニムスのように
物知りだと
思われたいなら
君は常に
「外」に目を向けて
多くの知識を得る
必要がある
はい…
でも 君は
進歩したいと
言っておった
はい…
そうであれば
君は常に
「内」に目を向ける
必要があるな?
あっ…
自分の心の成長が
真に人間にとっての
成長なのじゃ
×
知識
○
それを忘れては
いけないよ

無知だとか
愚かだとか思われても、
あえてそれに甘んじていなさい

もし君が進歩することを望むのならば、外的な事物に関して無知だとか愚かだとか思われても、あえてそれに甘んじていなさい。それらについて自分は知っていると人から思われたいなどと、決して願ってはいけない。たとえ君が誰かにひとかどの者だと思われているとしても、そういう君自身を信用するな。

というのも、よくわかっておいてもらいたいのだが、君自身の意志を自然に適うような状態に維持しながら、同時に外的な事物にも注意を向けるのは容易ではない。むしろどちらか一方に注意を向けることで、他方を疎《おろそ》かにしてしまわざるをえないからだ。

(『提要』13)

「賢いと見られたい」欲望が人を盲目にする

エピクテトスの『提要』では、「進歩する」という表現が何度も登場する。これは、エピクテトスの学校での勉学の目標であり、知的・道徳面での人格の成熟を指す。もともとこの章は、彼の学校に入学したての新入生に対して向けられた訓戒だったのだろう。

それにしても、ここはちょっと不思議な学校である。普通ならそこで学ぶ科目が何であれ、いろいろな知識を身につけることで、学生は少しずつ賢くなる。それと同時に「自分がきちんと学んだ」ということを周囲に示さなければならない。試験を受け、それを教師が採点して、一定の水準に達していると認められれば合格し、単位を取る。そして所定の単位を取れば要件を満たして卒業・修了となる。

しかしエピクテトスの学校では、勉強することはともかく、その結果として優秀な成績を修め、人から「物知り」だと思われることを初めから否定しているのだ。

おそらく、成績優秀者の表彰などはもってのほかだろう。もっと正確に言えば、人から自分が「物知り」だと思われるという事実ばかりではなく、そのように思われたいという欲望すら、邪心として切り捨てるのだ。

俗に「大賢は大愚に似たり」と言うが、真に賢くあるためには、愚かだと思われてもかまわないし、それを気にする必要はない。むしろ**「賢いと思われたい」という欲望こそが、かえって人を盲目にしてしまう**とエピクテトスは言う。

現代社会でも、たくさんの物事を知るためには様々なニュースを知る必要がある。テレビドラマや映画も見ておいたほうがいい。ファッションやグルメの世界の動向も知っておいたほうがよさそうだ。

だが、そうやってなんでもかんでも知ろうとすればするほど、一つひとつのニュースや出来事を吟味することはできなくなっていくだろう。

もちろん情報は判断の助けにもなるが、錯覚や空耳のように、「一見そうだと思えるが、実はそうでないもの」はいくらでもある。ものの「見かけ」に欺かれないためには、目の前のものをいったん疑い、それを注意深く吟味したうえで、改めて判断する。そうした慎重な姿勢が必要となる。**心の外側にある出来事ばかりに夢中になると、どうしても自分の心を反省することが疎《むそろ》かになり**、そうした判断ができなくなるのだ。

真の人間的成長は、いたずらに知識を増やすことではなく、自身を省みることでこそ実現する、というエピクテトスの忠告を心にとめておきたい。

第25話「ついに来た、解放の知らせ」

ある森に
人間を襲う
猛獣がいた
一人の男が
その猛獣と出くわした
彼は怖くて
震えた
だが 彼は
果敢にも
猛獣に立ち向かった
そして 猛獣は
逃げていった…
彼はその時
初めて知ったの
じゃよ
自分の中に
猛獣と戦うほどの
大きな勇気が
あったことに
ニウスよ もし彼が
猛獣に出くわさなかったら
果たしてそれに
気づいていた
じゃろうか?
困難こそ
自分が持つ能力を
見つめ直す機会と
なるのじゃよ

困難な事態に
対処するために、
君がどんな能力を
持っているかを探し出すように

君が出くわすことになるどんな事態に際しても、君自身を振り返って記憶しておくがよい。困難な事態に対処するために、君がどんな能力を持っているかを探し出すように。

もし魅力的な美男美女を目にすれば、彼らに対する自制心を君は見つけるだろう。もし苦労を背負わせられるならば、忍耐心を見つけるだろう。口汚く罵られるならば、辛抱強さを見つけるだろう。そしてこのように習慣づけられるならば、心像が君を拉致することはないだろう。

（『提要』10）

困難こそが人を成長させる

エピクテトスの言葉は、苦労させられたり、罵られたりといった、理不尽でつらい状況に置かれた人に向けられている場合が多い。それが同様の環境に置かれた人々にとって教訓や激励として共感を呼び、長く愛読されてきた所以でもあろう。

同時にそれは、人生の前半を文字通り「奴隷」として生きた彼自身の経験に裏打ちされてもいる。奴隷が奴隷の境遇にありながら、それでもなお、**いかにして自由人以上に真の意味で自由でいられるか**、彼の課題は終始この点に向けられている。

奴隷にされることはない現代人であっても、困難な事態に直面することは少なくない。新入社員ならば次々と新しい仕事を覚えねばならないし、管理職であれば、日々重要な判断を迫られる。アルバイトであれば、人使いの荒いマネージャーのいる職場が「困難な事態」であろう。

奴隷であったエピクテトスは、つらい仕事をさせられる場合にこそ、自分の中に「忍耐心」という長所を発見できるだろうと言った。

ただ、誤解してならないのは、ここで彼は「ただひたすら不条理な仕打ちに耐えよ」と言って一方的な忍従を諭しているわけではない。それでは、ただ卑屈な人間になってしまうだけだ。

彼の言う「忍耐心」とは、一時的な感情に流されず、置かれている状況を冷静に受け止める理性的な力のことだと解釈できる。

勉強も仕事も、順風満帆なことは滅多にない。長く働いていれば、スポーツ選手同様に、スランプに陥ったり、急に伸び悩んだりすることもあるに違いない。

だが、感情に囚われたままでは、打開策は見えてこない。**困難は困難として受け止めたうえで、自分には何ができるかを点検する。**それが「困難な事態に対処するために、君がどんな能力を持っているかを探し出す」ということだ。

とはいえ、そうしたメンタルの切り替えは、一朝一夕でできるものではない。だからこそエピクテトスは、「習慣」の重要性を指摘している。

「置かれている状況を冷静に受け止める」と言うのは簡単だが、感情に流されやすい人間がすぐにできるものでもない。そのためには、**常日頃から自分の感情を、あたかも第三者のような目で観察する習慣**を身につけるのがいいだろう。

「今、自分は少し取り乱しているから、修正しよう」といった日々の自己修正の繰り返しが、困難な局面を切り抜ける力になってくれるはずだ。

第26話 「もうすぐこの世を去るなら」

仕事ができる奴だって思われた!!
給金ふえろ!
この世はお金
すべてお金
チャリン
そんな日々を過ごし…
ぼくは一体何のために生きてきたんだー!
ぼくの人生って何だったんだーー!!
…とこの世を去ることを惜しんでいたと思います
ニウスよそうならぬよう日々過ごさないとな

「恐ろしい」と思える事柄を、
毎日のように君の眼前に
置くようにするがいい

死や追放や、その他何でも「恐ろしい」と思える事柄を、毎日のように君の眼前に置くようにするがいい。その中でもとりわけ死を。そうすれば、君は決して卑《いや》しいことを考えたりしなくなるだろうし、度を過ごして何かを欲望することもないだろう。

（『提要』21）

「死」を眼前に置きなさい

「死を想え」（メメント・モリ）という有名な格言がある。ローマ時代の文人たちは、書斎の机の上に髑髏《どくろ》を飾ることを習慣としていた。その有様を描いた西洋絵画は少なくない。いつかは自分もこうなるのだと嫌でも自覚するように、毎日眼前に不気味な置物を置いて眺めていたわけである。

いつか死ぬこと、それ自体は避けられない。しかも、それがいつやって来るかも厳密にはわからない。人間である以上、誰にとっても**死は「我々次第のもの」ではない**からだ。

エジプトでも中国でも「不老不死」は、昔から王侯の見果てぬ夢だった。しかし、それはいまだ果たせていない。現代の医療技術は随分進歩したが、それでも死を少しだけ先延ばしにするくらいだ。

そもそも、我々は死を乗り越えるという以前に「自分が死ぬこと」を体験することもできない。もちろんその対極として「生まれること」も体験の対象にはならない。たしかに我々は特定の生年月日を持っているが、それは直接体験したわけではなく、あくまで他者（両親や病院関係者）からの伝聞による。

映画でたとえるなら、上映が始まってしばらくしてから遅れて映画館に入場し、途中から見始める。そして終了直前に出ていくわけだ。自分自身の一生なのに、その冒頭と結末がどうなっているかは、自分ではわからない。

だから、我々は自分の子どもを産み育てることを通じて、後になってから自分の出生を推測し、また親を看取ることによって自分の終末を先取りして想像する。いわば、親しい家族や他者を通じて、自分の「生まれること」や「死ぬこと」を学んでいくのだ。

自身の死を決して体験できない以上、死はいつまでたっても「可能性」としか感じられない。だからこそエピクロス派の哲学者は、「死は決して怖くない。なぜなら我々が生きている時に死はまだないし、死んだ時にはすでに我々はいないからである」と説いた。

自分の死が可能性でしかないということは、死は想像の対象でしかないことを意味する。ゆえに、自分の死をどう受け止めるか、どう考えるか――今の自分の置かれた状況によって、死は恐ろしくもなれば、また安息や憧れの対象にすらなりうる。

このように自分の死は自分でどうすることもできないが、少なくとも自分が死をどう考えるか、死に対する態度の取り方は自分で制御できる。

いつか自分は必ず死に、消え去るのだと想えば、いたずらな欲求に振り回されることはない、というのがこの章でのエピクテトスの眼目である。死を想えば、地位や名誉、財産など、これらを得るために人生を棒に振ることがいかにムダなことかがわかるだろう。

本当の幸せとは何か？

自分が人生で成し遂げたい信念は何なのか？

死を眼前に置くことで大切なことが見えてくる。当たり前のことのようだが、果たしてどれくらいの人が本当にそれを意識できているだろうか。

ただし、死を想う態度はすぐにできあがるといったものではない。

誰しも考えたくないことは無意識のうちに考えないようにする、心理的な抑圧が働くからである。だからこそ、死のように恐ろしい出来事を、日常的に考える習慣を身につけようとエピクテトスは説く。

もっとも、死を想うようにした結果、「どうせ死ぬなら」と思って自暴自棄になり、刹那的享楽に走る者も出てこないとは限らない。

それでも、戦没学生の手記『きけ わだつみのこえ』や戦後の名作映画『生きる』（1952年、黒澤明監督、志村喬主演）のように、自身の死を強く意識することで、自分の使命を自覚し、良心に目覚め、生きる意味を問う、という事例には事欠かない。
そのどちらが幸福な生き方かと問われれば、多くの人は後者を選ぶに違いない。

おーい
行くぞー
ちょっと待って！
エピさん…今日で本当に本当にお別れですね…
そうじゃな
思えばぼくがご主人様に買われなかったら…
エピさんの元主人がエピさんを売らなかったら…
そしてご主人様がエピさんを買わなかったら…
こうしてエピさんと出会うこともなかったんですね
うむ…
ニウスよ君が今ここにいるのもわしが今ここにいるのも
すべては神の配置によるものなのじゃよ
えっ…

いいかね――
どんな国に生まれ
どんな身体
どんな両親や兄弟を持ち
そして
どのような環境や立場に
置かれるかは
すべて
神次第じゃ
しかし
神の仕事は
そこまでじゃ
そこからは
我々の
仕事じゃよ
神に
与えられた場で
どのように
生きるかは
「我々次第」で
あるからな
そうですね
ニウスよ
神に
見せようでは
ないか
わしらの
勇《いさ》ましく
生きる姿を
はい！
さようなら
エピさん
そして……
ありがとう
エピさん

記憶しておくがよい。
君は演劇の俳優である

記憶しておくがよい。君は演劇の俳優である。劇作家が望んでいる通りに、短編であれば短く、長編であれば長い劇を演じる俳優だ。作家が君に物乞いの役を演じてもらいたければ、そんな端役でさえも君はごく自然に演じるように。足が悪い人でも、殿様でも、庶民でも同じこと。君の仕事は、与えられた役を立派に演じることだ。その役を誰に割り振るかは、また別の人の仕事である。

（『提要』17）

君が自分の力量を超える何かの大役に手を出すとなれば、君はその役で面目を潰すと同時に、自分でも上手くやれる役のほうを疎《おろそ》かにしたことになる。

（『提要』37）

脇役のままでも、精一杯生きなさい

ギリシア・ローマの古典劇では、円形の平土間《オルケストラ》に12～15人からなる歌舞隊《コロス》が登場し、二手に分かれて交互に歌を歌い、踊り、その合間に仮面《ペルソナ》をつけて高下駄を履いた3人の俳優が舞台上で正面の客席を向いて台詞《せりふ》を交わす。合唱が入るから、演劇といってもオペラやミュージカルに近い。俳優は同時に3人までしか登場しない決まりだったから、登場人物が多い劇の場合、1人の俳優が場面ごとに仮面を付け替えては登場し、別々の人物を演じることが普通だった。

改めて考えてみると、実人生でも、我々は「自立した一つの人格」という以前に、むしろその場と状況に応じ、いくつか複数の役を演じているのかもしれない。会社や学校に行けば、その組織の中で自分の役割に応じた仕事をする。家に帰れば親として、夫として妻として、あるいは息子・娘として振る舞う。休日には趣味の仲間と一緒になって、普段とは違った顔を見せる。

服装だってその場に応じて取り替える。学校の制服だったり、背広にネクタイだったり、カジュアルだったり盛装したり。つまり意識すると否とにかかわらず、何を着るかに応じて自分の役割を周囲に発信している。それは舞台の衣装と大差はないだろう。

エピクテトスは、ずばり**「君は演劇の俳優である」**と言う。

しかし、「誰もが主役」というわけにはいかない。自分に与えられた役回りが、たとえ端役や悪役であったとしても喜んで受け入れ、監督や演出家の創作意図を正しく理解し、そのつどその役に相応《ふさわ》しく見事に演じ切ることが大切だ、と彼は伝えている。

他人を押しのけてでも自分から主役を願い出ることも、割り振られた役に不満を持つことも、正しくない。自分の置かれた状況をよくわきまえたうえで、自分に振られた役は何なのか、何を自分は望まれているのかを見抜くことが求められる。エピクテトス自身、足を悪くしていたが、彼にとっては自分の肢体不自由すら、演じるべき役柄として理解していた。それは消極的な態度とも、驚くべき前向きな態度とも取れる。

我々は、なりたいものになれるわけではない。生まれた場所、遺伝も含めた親からの影響、育った環境や文化など、様々な条件がかけあわされて今の自分がある。

舞台背景を無視して身勝手に演技する役者がいれば、大根役者のそしりを免れないだろう。同様に、自分の境遇を無視して生きようとすれば、そこには必ず無理や歪《ひず》みが生じる。

むろん、役者とて一挙手一投足すべての動きが台本に記されているわけではない。とりわけ、心の働きだけは何にも束縛されることはない。

人生＝舞台という一定の制約の中で、**自分の手で変えることのできるものは何か、またその反対に受け入れなければならないものは何か。**その境界を正しく見極めることが、本当の意味で自分らしく生き抜くということなのだろう。

エピローグ

ぼくが
解放されて
1年が経つ——
ゼニムスは
ご主人様の邸宅の
一角を借りて
商売をしている
いい
オイル
ありますよ～
商売は
順調らしく
儲かった
儲かった
今では
ご主人様の
公務にまで同行し
ご褒美として
饗宴にまで
招かれているらしい
なんとも
ゼニムスらしい
フフフ

エピさんはというと
ぼくが解放されたあとに
係が変わったらしく……
今日で見張り係はおわりだ
なんでもエピさんがご主人様に言ったある言葉がきっかけだとか
少し
よろしいでしょうか?
ご主人様はいつも奴隷が仕事をさぼりはしないかと気にしておられます
そんなご主人様は奴隷たちに囚われる奴隷になってしまわれてはいないでしょうか?
なっなんだと
だが…一理あるな
――ということでエピさんはご主人様の新しい相談係となった
わしは執政官になれるか?
それは神が決めることです
なんともエピさんらしい
プププ

ぼくはというと…
インスラ（集合住宅）の
最上階に住み
狭い
安全性上問題アリ
⇩
賃貸料格安
ご主人様の庇護《ひご》のもと
なんとか生活している
パトロヌス（庇護者）
伺候・奉仕
経済的支援
クリエンテス（庇護民）
そんなわけで
毎朝 ご主人様のもとへ
あいさつに行くのだけど
ゾロ
ゾロ
帰り際
たまにエピさんを
見かけることがある
エピさんには
たくさんのことを
教えてもらった――
わしは
自分でどうにかできるものには
力を注ぐが
どうにもできないものは
放っておくのじゃよ

エピさんの話を聞くたびに
ぼくは戸惑い
？
えっ？ どういうことですか？
考えを覆《くつがえ》され
まあ そうとも いえますね…
間違いに気づき
そういうことでしたか…
そして
大きな後悔をした
今まで 悩み続けていたのは ぼくのせいだったのかー
今でも ときどき
ぼくの心には
嵐がやってくる
でも 決して
負けたりはしない
留まらず
巻き込まれず
正しい方向へと
進んで行ける——

どう考え どう生きるか——
さあ 始め ようか
ニウス 先生〜
今日は どんな話を してくれるの ですか？
すべては 自分次第なのだから
ぼくは今——
ちゃんと ぼくの人生を 生きている
君たちは 奴隷では あるが
自由人 なのだよ
えっ？
なぜ ですか？

fin.

おわりに

ストア派の哲学への学問的関心は1980年代から徐々に高まってきたが、最近は特に英語圏で、高度な研究書ばかりでなく、様々な工夫を凝らした一般向けの入門書の刊行が相次いでいる。そのいくつかは日本語にも訳されている。

少子高齢化の進行や通信技術の急速な発達、グローバル化の波によって、日本も、そして世界も、今急速に変わりつつある。成熟しつつある社会の中で「いかに生きるべきか」という問いはさらに切実になっている。

エピクテトスの残した言葉のうちには、こうした課題を考えるための貴重なヒントや洞察が溢れている。しかもそれは、単に常識の延長線上にある凡庸な人生訓などではなく、意表を突く逆説ばかりなのである。

何しろ時代が古いから、中には現代人から見るとわかりにくい例もある。それに漫画と簡単な解説を加えて読者の理解を補足し、最初は疑問や反発を覚えるような言葉の数々を、我々自身の生活に即してじっくりと考えながら咀嚼《そしゃく》することで、柔軟なものの見方ができるように発想の転換を促す――。これこそが本書のねらいである。

自分だけの視点に囚われずに、物事をいろいろな方向から眺めて、一番よく見える角度を取り出してみること。日頃手当たり次第に向けている願望を、本当に大事なものだけに限定して、それ以外の余計な欲求を捨てること。避けて通れない人間関係を、妥協や追従とは違った、真に円滑なものに作り替えていくこと――。こうした課題に、ストア派の哲学の「基本概念」を正面から解説するのではなく、エピクテトスが挙げている事例を掘り下げて考えることを通じてアプローチしてみたのである。

本書は、初めに荻野がエピクテトスの『提要』から選んだいくつかの文章を訳出し、その解説を書いた。だが、どうしても難しくなりがちなので、これにもとづいてライターの斎藤哲也さんが一般の読者向けに、身近な事例を交えながらわかりやすく書き加えた。さらに、かおり&ゆかりさんが読者の理解をより助けるユニークな漫画を描いた。

近年、ストア派の人生論を紹介する本はいくつも刊行されているが、『提要』という格言集の本文をそのままの姿で明示すると共に、それを漫画で表現するという、いわば硬軟両様を兼ね備えた本は、国内外を通じて初めての試みだと思う。

エピクテトス『提要』の文章は、現在入手しうる最良の校訂本である G. Boter ed., *Epictetus Encheiridion*, Berlin, 2007 を底本として、すべて新しく訳出した。最新の文献学的成果を取り入れ、正確で読みやすい訳を目指した。従来の鹿野訳（岩波文庫、中公クラシックス版）と較べると、訳語はもちろんのこと、区切り方や内容にも多少の違いが見られるが、それはこうした事情に由来する。

巻末には改めて訳出一覧を掲げたので、これらを読みながら、解説や漫画とは違った読み方や受け取り方を自分なりに考えてみるのもよいだろう。「よく生きる」うえで真に大切なことを、深く、そして楽しく考える一助になれば幸いである。

最後に、ダイヤモンド社編集部の畑下裕貴さんには、本の企画から始めて、一貫してお世話になった。材料の取捨選択や全体の構成を何度も考え直しては、研究者＋ライター＋作家（漫画担当）という混成チームを上手にまとめてくれた。

２０１９年８月

荻野弘之

エピクテトスを知りたい人のための読書案内

エピクテトスを直接読んでみようという方は、

◎**『エピクテートス 人生談義(上下)』鹿野治助訳、岩波文庫、1958年**

に『語録』と『提要』、そして『断片』が全訳されている(2020年、2021年には、國方栄二訳にて新訳が刊行)。

また同じ訳者による抜粋が、

◎**『エピクテトス 語録 要録』鹿野治助訳、中公クラシックス、中央公論新社、2017年**

に収録されていて簡便である。ただし若い方には、訳文が少し古いと感じられるかもしれない。

◎**『エピクテートス 語録』斎藤忍随訳、『世界人生論全集3』筑摩書房、1964年**

は古くて入手が難しいので図書館で見られたい。やはり抜粋ながら、味わい深い文章である。

英訳では、エリザベス・カーター訳（１７５８年）、また清沢満之も読んだジョージ・ロング訳（１８６２年）などが有名だが、最近の本のうちでは以下の２冊を勧めたい。このうちセッドン本は註解としても優れている。

● Robin Hard and Christopher Gill, *Epictetus, Discourses, Fragments, Handbook*, Oxford World's Classics, 2014

● Keith Seddon, *Epictetus' Handbook and the Tablet of Cebes, Guides to Stoic Living*, Routledge, 2005

ギリシア語原典では、

● Gerard Boter ed., *Epictetus Encheiridion*, Bibliotheca Teubneriana, Walter de Gruyter, Berlin, 2007

が文献学的に厳密な最新の校訂本で、本書の訳もこれを底本とした。ただ一般には、より入手しやすいローブ古典叢書の英語対訳本が便利だろう。

● W. A. Oldfather ed., *Epictetus: The Discourses, Fragments, Encheiridion*, 2 vols, Loeb Classical Library, Harvard U.P., 1925/28

なお、エピクテトスの生涯と著作、またその受容と批判の歴史については以下の拙著（特に第三章、第四章）に詳しく述べてある。

◎荻野弘之『マルクス・アウレリウス『自省録』――精神の城塞』岩波書店、2009年

拙著の巻末で紹介して以降の最近の文献としては、以下のような3冊がある。

◎ウィリアム・B・アーヴァイン『良き人生について――ローマの哲人に学ぶ生き方の知恵』竹内和世訳、白揚社、2013年

◎國方栄二『ギリシア・ローマ ストア派の哲人たち』中央公論新社、2019年

◎マッシモ・ピリウーチ『迷いを断つためのストア哲学』月沢李歌子訳、早川書房、2019年

#『提要』原文訳まとめ

※重要項目のみ抜粋、本文未掲載の項目も有

掲載ページ	原文訳
38	『提要』1

物事のうちには「我々次第であるもの」と「我々次第でないもの」との両者がある。判断、意欲、欲望と忌避など、およそ我々の〔こころの〕働きによるものは「我々次第」だが、自分の身体や財産、他人からの評判、地位官職など、およそ我々の働きによらないものは「我々次第」ではない。「我々次第であるもの」は本来、自由で、妨げられないし、他人から邪魔されない。だが、「我々次第でないもの」は脆弱で、隷属的で、妨げられてしまうし、自分のものではない。

だから、次のことをよく覚えておくがよい。もし君が、本来は隷属的なものを自分の自由になるものだと思い、自分のものでないものを自分のものだと思いこんでいるならば、君は他人から邪魔され、悲しみ、不安に苛まれ、また神々や周囲の人々を非難することになるだろう。だが反対に、「君のもの」だけを君のものだとし、自分のものでないものを、事実その通りに「自分のものでない」と正しく考えるなら、君を強制する者は誰もいない。妨げようとする者は誰もいない。だから君は、決して誰も他人を非難することも、咎め立てることもしないだろう。いやいやながら意に反してやることはないし、敵を持たないだろう。誰も君に危害を加えないし、害を被ることもないからである。

これほど大事なことに努めているのであれば、次のことをよく覚えておくがよい。通常の中途半端な生活態度を改めて、ある物事はすっかり放棄し、ある物事はさしあたり延期しなければならないのだ。大事なものを得たいのに、官職や富を同時に獲得しようとすれば、二兎を追ってどちらも得られない結果になる。自由や幸福を齎《もたら》すものは決して得られないだろう。

そこで、何であれ「心を騒がせるような心像」に出くわしたら、ただちに次のように言い立てるように訓練しよう。「おまえは心像だ。そんな見かけは、実際とはまるで違うだろう」と。次に君が持っている尺度をあてがって、この心像が果たして「我々次第であるもの」と「我々次第でないもの」とのどちらに関係しているのか、という何より重要なことを、調べたり吟味したりせよ。仮にそれが「我々次第でないもの」に関係しているなら、「君にとっては何でもない」という答えが手元にあるとしたまえ。

『提要』2

記憶しておくがいい。欲求が約束するのは君が欲しがっているものを得ることであり、忌避が約束するのは君が避けているものに出くわさないことである。そして、欲求を持ちながらそれを得られない者は不遇であり、忌避しながらそれに出くわす者は不幸である。

だから、もし「君次第であるもの」のうちで「自然に反するもの」だけを避けるならば、君が避けているどんなものにも出くわすことはないだろう。だが病気や死や貧乏を避けるならば、君は不幸になるだろう。

そこで「我々次第でないもの」はすべて忌避の対象から外して、その代わりに「我々次第であるもの」のうちで「自然に反するもの」に置き換えてみよ。

だが当面のところ、欲求は完全に棄て去るがよい。というのも、君が何か「我々次第でないもの」を欲求するならば、どうしても不遇にならざるをえないし、「我々次第であるもの」のうち立派に欲求の対象となるものは、まだ君の手元にはないからだ。

43

『提要』3

君にとって心惹かれるもの、役に立つもの、愛着を寄せるものがあれば、これらが「そもそもどのような性質のものか」をあえて口に出して言うように記憶しておくがよい。それもごく些細なものから始めるのがよい。

もしキュトラ（湯を沸かすための陶製の壺）が君のお気に入りであれば、「私はキュトラ壺が好きだ」と言ってみなさい。というのも、そうすれば、その壺が壊れてしまった時でも、君は取り乱すことがないだろうから。君自身の妻子と接吻するならば、「私は人間と接吻している」と言ってみなさい。そうすれば、妻子が亡くなった時でも、君は取り乱すことがないだろうから。

105

『提要』5a

人々を不安にするものは、事柄（プラグマタ）それ自体ではなく、その事柄に関する考え方（ドグマタ）である。たとえば、死は決して恐ろしいものではない。さもなければソクラテスにもそう思われただろうから。むしろ「死は恐ろしい」という、我々が死について抱く考え方、それこそが恐ろしいものの正体なのだ。

だから我々が妨げられたり、不安にさせられたり、悲しんだりする時には、決して他人を責めてはいけない。むしろ自分たち、つまり自分たちの「考え方」を責めようではないか。

85

『提要』5b

自分が不幸な場合に、そのことの原因となった他人を非難することは、無教養な者のすることである。自分自身を非難するのは教養の初心者のすることである。他人をも自分をも非難しないのが教養のできた者のすることである。

165

『提要』6

どんなものであれ、他人の持っている利点で得意になってはいけない。仮に、馬が得意になって「私は美しい」と言うとしても、それならまだ我慢できるだろう。しかし、君が得意になって「私は美しい馬を持っている」と言うなら、君は馬の善さで得意になっているだけなのだと理解しなさい。

では「君が持っているもの」とは一体何か。それは「心像を用いること」だ。だから君が、心像を用いる際に自然に適った状態を維持することができるとすれば、その時点では得意になってもよいだろう。というのも、その時にこそ、君自身が持っている何らかの善さで、君は得意になっているのだから。

179

『提要』8	出来事が、君の望むように起こることを求めてはならない。むしろ、出来事が起こるように起こることを望みたまえ。そうすれば君は穏やかで幸福な生活を送れるだろう。	61
『提要』9	病気は身体の妨げではあるが、意志の妨げではない。もし意志がそう欲するのでなければ。肢体不自由は脚の妨げではあるが、意志の妨げではない。 君が出くわすことになるどんな事態に際しても、このことをあえて自分に言い聞かせるがいい。そうした困難は、何か別のことの妨げではあるが、君自身の妨げではないことがわかるだろうから。	75
『提要』10	君が出くわすことになるどんな事態に際しても、君自身を振り返って記憶しておくがよい。困難な事態に対処するために、君がどんな能力を持っているかを探し出すように。 もし魅力的な美男美女を目にすれば、彼らに対する自制心を君は見つけるだろう。もし苦労を背負わせられるならば、忍耐心を見つけるだろう。口汚く罵られるならば、辛抱強さを見つけるだろう。そしてこのように習慣づけられるならば、心像が君を拉致することはないだろう。	199
『提要』11	何ごとに際しても「私はそれを失ってしまった（アポーレサ）」とは決して言うな。むしろ「私はお返ししました（アペドーカ）」と言うがよい。 君の子どもが死んだのか？　それは取り返されたのだ。 君の妻が死んだのか？　それは取り返されたのだ。 私の地所が奪われました。そうじゃない、それも取り返されたのだ。	111

でも奪った奴は悪人です。だが、それを与えてくれた方〔神〕が誰を通じて君に返還を求めようが、それは君には関係ないだろう。

たしかに君が与えてもらっている限り、君はそれらを大切にするがよい。ただし、あくまで他人のものとして。ちょうど旅人たちが旅宿をそうするように。

『提要』12

もし君が〔知的・道徳的に〕進歩したいと望むならば、「私のもの〔財産〕を疎かにしたら、資産がなくなってしまうだろう」とか「奴隷をちゃんと躾けなければ、あいつは役立たずになってしまうだろう」といった余計な心配ごとは棄てるがよい。というのも、苦痛もなく恐怖もない状態になって飢えて死ぬほうが、ありあまる状況にありながら悩み抜いて生きるよりも、ましだから。また奴隷が悪い〔カコン〕ほうが、君自身が不幸である〔カコダイモン〕よりも、ましだから。

そこで些細なことから始めよう。油が少しだけこぼれた。酒がわずかだけ盗まれた。そんな時には「不動心は、これだけの値で売られる。平静はこれだけの値で売られる。何ごともただでは起こらない」とあえて自分に言い聞かせるがよい。いくら君が奴隷を呼びつけても、その子が言いつけを聞かないことはあるし、聞いても君が望んでいることを何ひとつやらないこともある、という可能性をよく考えてみたまえ。そもそもその子は、君のことを悩ませないでいるほど、ご立派な存在などではないのだ。

『提要』13

もし君が進歩することを望むのならば、外的な事物に関して無知だとか愚かだとか思われても、あえてそれに甘んじていなさい。それらについて自分は知っていると人から思われたいなどと、決して願ってはいけない。たとえ君が誰かにひとかどの者だと思われているとしても、そういう君自身を信用するな。

というのも、よくわかっておいてもらいたいのだが、君自身の意志を自然に適うような状態に維持しながら、同時に外的な事物にも注意を向けるのは容易ではない。むしろどちらか一方に注意を向けることで、他方を疎かにしてしまわざるをえないからだ。

193

『提要』14

君の子どもたちや妻、友人たちがいつまでも生きていることを君が望むとすれば、君は馬鹿だ。というのも、それは「君次第ではないもの」を君次第であるように望み、「他人のもの」を君のものであるよう望んでいることなのだから。

そのように、自分の奴隷についても、過失がないように望むとすれば君は愚か者である。なぜならそれは、悪徳を悪徳でないもの、他の何か別ものであると望むことだから。

だが、自分が欲しているものを得損なわないことを望むならば、そのこと自体は可能である。つまり、君ができること、まさにそのことに励めばよい。

49

『提要』15

記憶しておくがよい。君は、饗宴の座に列する時のように振る舞うべきであると。ある料理がぐるりと回って君のもとにやってきた。手を伸ばして行儀よく自分の分だけ取るがよい。通り過ぎてしまった。引き留めるな。まだ来ない。遠くから欲望を投げかけるな。君のところにやって来るまで待ちなさい。

君の子どもに対しても、妻に対しても、官職に対しても、財産に関しても、このよ

69

うにするがよい。そうすれば君はいつか、神々と饗宴で同席する資格を持つ者となるだろう。だが、君のもとに置かれたものでさえも手を出さずに見過ごすならば、その時君は神々と同席する者であるだけでなく、神々と共に支配する者となろう。

『提要』16

「子どもが旅立ってしまった」とか「財産をすっかり失ってしまった」といって悲しみのうちに泣いている人を見た時、「外的な事物のゆえに、彼は不幸な状態にある」などと考えて、心像が君を拉致しないように気をつけなさい。むしろ直ちに、次のような考えを手元に置いておくように。「この人を苦しめているのは出来事そのものではない（なぜなら、他の人のほうは苦しめていないのだから）。むしろそれらの出来事についての考え方が、苦しめているのだ」と。とはいえ、理に適う限りでその人に寄り添ってやることを躊躇するな。場合によっては、一緒に嘆いてやるのもよい。ただし、心の底から嘆くことはないように気をつけなさい。

『提要』17

記憶しておくがよい。君は演劇の俳優である。劇作家が望んでいる通りに、短編であれば短く、長編であれば長い劇を演じる俳優だ。作家が君に物乞いの役を演じてもらいたければ、そんな端役でさえも君はごく自然に演じるように。足が悪い人でも、殿様でも、庶民でも同じこと。君の仕事は、与えられた役を立派に演じることだ。その役を誰に割り振るかは、また別の人の仕事である。

213

『提要』18

鴉が不吉な啼き方をした時、心像が君を拉致しないようにせよ。むしろ直ちに君の心の中で分別をして、次のように言うがよい。「これらのものは、何ひとつとして私に対して〔悪い事態を〕予告しているのではなく、せいぜい私の貧弱な身体か、私の僅かな財産か、私の些細な評判か、あるいは〔私の〕子どもか妻に対して、予告しているにすぎない。だが、私自身に対しては、私がそれを望むならば、これらはすべて吉兆を予告しているのだ。というのも、これらの何がやって来ようと、それから利益を受けることは私自身にかかっているのだから」と。

61

『提要』19

有名な人、有力な人、あるいは評判のよい人を目にした時、君は心像に拉致されて、その人を「幸せな人だなあ」と思い込まないように注意するがよい。というのも、善の実質が「我々次第であるもの」のうちにあるならば、羨望や嫉妬が生まれてくる余地はないからだ。君は自分が将軍や議員や総督になりたいとは願わないで、むしろ自由人であることを願うだろう。この自由に至る唯一の道は「我々次第でないもの」を軽く見ることである。

35

『提要』20

記憶しておくがよい。君を侮辱するのは、君のことを口汚く罵る者や君を殴る者などではなく、彼らが君を侮辱していると見なす、君の考えなのである。誰かが君を怒らせるならば、その時は君自身の判断こそが君を怒らせたのだと知るがよい。

だからこそ、まず何よりも心像によって拉致されないように努めよ。というのも、一度でよいから自分で考えてみる時間と余裕とを得るならば、君自身に打ち克つのは簡単なことだろうから。

93

『提要』21

死や追放や、その他何でも「恐ろしい」と思える事柄を、毎日のように君の眼前に置くようにするがいい。その中でもとりわけ死を。そうすれば、君は決して卑しいことを考えたりしなくなるだろうし、度を過ごして何かを欲望することもないだろう。

205

『提要』23

誰かに気に入られたいと願うあまり、外に目を向けてしまうという事態が一度でも君に起こるならば、君は自分の計画をぶち壊したのだ、と知るがよい。だからどんな場合でも、君が現に哲学者であるという事実で満足せよ。だが哲学者だと思われたいということまで望むなら、自分自身にそう思われるだけでよい。それで十分である。

139

『提要』25

饗応の宴席において、挨拶の場において、また相談事への招待において、誰かが君よりも優遇されたとしよう。仮にそれらが善いことであれば、彼がそれらを得られたことを君は喜ぶべきだ。だがそれらが実際には悪いことであれば、君がそれらを得られなかったからといって何も腹を立てることはない。「我々次第でない」物事を手に入れようとして、他人と同じことをしないでいながら同じものを要求することはできない、ということを記憶しておくがよい。

どなたであれ、「お宅にご機嫌伺いに参上しない者」が「参上する者」と、「外出するのにお供しないでいる者」が「お供する者」と、「お愛想を言わない者」が「愛嬌をふりまく者」と、一体どうして同じ待遇を受けることができようか。それらのものの代価を払わずに、無償でそれらを得たいと望むのであれば、君は不正であり貪欲であろう。

ところでレタスはいくらで売られているかね。おそらく1オボロスくらいだろう。

153

それならば、誰かが1オボロス払ってレタスを受け取り、君は払わないから受け取ることもないとして、だからといって受け取った人よりも君の持ち分が少ないなどと考えてはいけない。というのも、その人がレタスを手にしているように、君は支払わなかった1オボロスを所持しているのだから。

同じことが実生活にもあてはまる。どなたかの宴席に君だけ招かれなかった、と言うのか。それは、食事が売られるだけの値段を君が招待主に支払わなかったからだ。招待主の方は、お愛想と交換に、お世話と交換に、食事を売っているのだ。もし君がそれで得になると思うのなら、それが売られるだけの値段に見合う代価を払えばよい。だが代価は払いたくないが愛顧は得たいと望むのなら、君は貪欲で愚か者だ。

ところで、君は食事に代わるものを何も持っていないというのか。そんなことはない、君は自分が褒めたくもない相手に愛嬌をふりまくことも、屋敷の入口にいる者どもの無礼を我慢することも、しないで済んだではないか。

『提要』26

自然の意志は、我々がお互いに意見を異にしないような事柄から、学び取ることができる。たとえば、よその家の奴隷の子どもがうっかり杯を壊してしまった時には、すぐさま「そんなのはよく起こることだ」という反応が手元にある。それならば、君の杯が壊れた時にも、他人の杯が壊れた時と同じ態度を君は取らなければならない、ということを知っておきなさい。

それではこの原則を、もっと重大な事柄にも当てはめてみよう。他人の子ども、あるいは妻が死んだというのか。「人間だから仕方ない」と口にしない者は誰もいない。だが誰であれ自分の身内が死んだ時には、すぐさま「ああ」そして「私は惨めだ」などと言う。だが他の人々に関してそんなことを耳にしたら、我々は一体どんな気持ちがするか、思い出してみる必要がある。

『提要』30

何が適切な行為かは、あらゆる場合にお互いの関係によって測られる。この人は〔君の〕父親である。とすれば〔君は〕、彼の面倒を見、あらゆる点で譲歩し、叱られても叩かれても我慢することが織り込まれている。「しかし彼は悪い父親ですよ」。でも君は、本来「善い父親」にではなく、単なる「父親」に対して結ばれているのだ。「私の兄弟は不正を働きます」。それなら、兄弟に対する君自身の立場をしっかりと守りなさい。彼が実際に何をしているかに注目するな。むしろ、君がどんなことをすれば、君の意志が自然に適った状態にあるかどうかに注目せよ。

というのも、君が望まなければ、他人が君を傷つけるという事態にはならないからだ。だが、「傷つけられた」と君が考える時、まさにその時点で、君は実際に傷つけられたことになるのだ。だからこのようにして、君がお互いの関係をじっくり観察するのに習熟するならば、市民から、隣人から、将軍から、彼らに対する適切な行為が何かを見つけることができるだろう。

133

『提要』32

君が占いに赴く時には、次のことを記憶しておくがよい。将来何が起こるのかを君は知らない。むしろそのことを教えてもらおうとして、占い師のもとにやって来るのだ。だが、仮にも君が哲学者である以上は、その出来事がどのような性質のものであるか、来る時にすでによく知っているはずだろう。つまり、それが何であれ「我々次第であるもの」でない以上は、善でも悪でもないのは至極当然のことである、と。

だから、占い師のところへは欲望や忌避を持ち込んではならない。さもなければ、君は心配で震えながら占い師に近づくことになる。むしろ、将来起こる出来事は、それがどんなことであろうと、すべて善悪無記であり、君にとっては何ものでもない。実際、君がそうした出来事に立派に対処することは可能であり、誰もそれを妨げない、ということをよく理解したうえで、近づくがよい。

そこで、君のために助言してくれる者たちのもとに赴くように、恐れることなく神々のところに行くがよい。それから先、何か君に告げられる際には、誰を助言者として君は選んだのか、言うことを聞かないならば、一体誰に対して聞き従わないのか、記憶しておくがよい。

―

『提要』33 1、12-13節

君が独りでいる時に、また他人と一緒にいる時に、自分がどういった人柄であり続け、どういった振舞い方を守りたいのかを、今から決めておくがよい。

【中略】

誰かある人に、とりわけ評判の高い人に会おうとする際には、「ソクラテスやゼノンであれば、こんな場合にどうしただろうか」と、あらかじめ自分で思い浮かべてみよう。そうすれば君は、適切な仕方で苦境を乗り切るのに困ることはないだろう。

ある極めて有力な人物のもとを訪ねる際には、次のような事態をあらかじめ思い浮かべてみよう。

125

君はご当人を（留守のために）家の中で見つけることはできない。君は門前払いされる。君の面前で扉がぴしゃりと閉められる。相手は君のことなど歯牙にもかけない。

だがこうした不愉快な待遇を以てしても、なお行かねばならぬとすれば、行って、そこで生じる出来事を耐え忍べ。そして自分で自分に対して「こんなに苦労することなんかなかった」などとは決して言うな。というのもそれは、ごく凡庸な者、つまり自分の外部にあるものに対して憤慨する者の言いぐさなのだから。

『提要』34

君が何かある快楽についての心像を抱く時には、他の場合と同様、その心像によって拉致されないように、君自身のことをしっかり見張っていなさい。むしろその「楽しいこと」にはちょっと待っていてもらい、君自身に猶予を与えるように。

そして次には、二つの時間を思い浮かべてみよう。一つは、君がその快楽を享受する時間。もう一つは、いったん享受した後でそれを後悔し、自分で自分を責める時間だ。この二つの時間を較べてみれば、その快楽を遠ざけることで、どれほど君は喜び、自分で自分を讃えることになるかわかるだろう。

だが、たとえその楽しいことに触れる絶好の機会だと思われても、その誘惑や魅力が君を打ち倒さないように、くれぐれも注意を怠るな。むしろ君自身が快楽にすっかり打ち克ったという自覚のほうがどれほど優れたものであるか、較べてみるがよい。

119

『提要』35

「為さねばならない」といったん決心したうえで何かを為す場合には、それを実行するのを人に見られることを決して避けてはならない。たとえ多くの人々（大衆）が、それについて何か違った判断を持つだろうとしても。

君が正しく為すのでないならば、初めからその行動そのものを避けよ。だが実際に正しければ、「正しくない」と騒ぎ立てる者どもを、なぜ恐れる必要があるか。

55

『提要』37	君が自分の力量を超える何かの大役に手を出すとなれば、君はその役で面目を潰すと同時に、自分でも上手くやれる役のほうを疎かにしたことになる。	213
『提要』41	身体に関する事柄に長いこと時間を費やすのは、愚かさの証拠である。たとえば、長時間身体を鍛えたり、長時間食べたり、長時間飲んだり、長時間排泄したり性交したりすること。むしろこれらのことは、ほんの片手間にしなければならない。あらゆる関心は自分の心（が何を考えているか）に向けるべきである。	185
『提要』43	あらゆる事柄には二つの柄（持ち方）があって、一方を摑めば持ち運べるが、他方を摑んだのでは運べない。 もし君の兄弟が不正をはたらくならば、「不正をはたらく」というこちら側からそれを摑んではならない（なぜなら、こうした持ち方ではそれを持ち運べないから）。むしろ「彼は兄弟だ」「一緒に育てられた仲だ」という別の側から摑むように。そうすれば、君はそれを運べるものとして摑むことになるだろう。	159
『提要』45	ある人が素早く入浴する。「彼は入浴の仕方が悪い」とは言うな。「素早く入浴する」と言いなさい。ある人がたくさん酒を飲む。「彼は飲酒の仕方が悪い」とは言うな。「たくさん酒を飲む」とだけ言いなさい。 というのも、当人の考えをきちんと識別しないうちに、それが本当に悪いかどうかを君はどこから知るのかね。そのように慎重になれば、君が何かある事実について把握可能な心像を摑んでいながら、それとは別の事柄（価値）について同意を与える、などというおかしなことにはならないだろう。	145

『提要』48

進歩した者のしるし——彼は誰のことも咎めない。誰のことも褒めそやさない。誰のことも非難しない。誰のことも責めない。自分自身については、ひとかどの者であるとか、何かを知っている、とは決して語らない。人から何か邪魔されたり妨害されたりした時は、〔相手ではなく〕自分自身を責める。

たとえ誰かが彼のことを褒めそやしても、自分では心ひそかに褒めた人のことを笑う。また咎められても、言い訳は一切しない。彼は病み上がりの患者のように、すっかり治るまで、快復した身体の一部を動かすのに注意しながら、ゆっくりと歩き回る。

欲望は、ことごとく自分から退ける。忌避は、「我々次第であるもの」のうち、自然に反したものだけに限定する。何ごとに対しても「是が非でも」などとは拘らない。愚かだとか無知だとか思われても、一向に気にしない。一言でいえば、あたかも秘かに待ち伏せしている敵であるかのように、自分自身を監視しているのである。

173

著者紹介

荻野弘之（おぎの・ひろゆき）

上智大学文学部哲学科教授。1957年東京生まれ。東京大学文学部哲学科卒業、同大学院博士課程中退。東京大学教養学部助手、東京女子大学助教授を経て99年より現職。2016年放送大学客員教授。西洋古代哲学、教父哲学専攻。著書に、『マルクス・アウレリウス『自省録』――精神の城塞』（岩波書店）、『哲学の原風景――古代ギリシアの知恵とことば』『哲学の饗宴――ソクラテス・プラトン・アリストテレス』（NHK出版）、『西洋哲学の起源』（放送大学教育振興会）などがある。

かおり＆ゆかり［漫画］

千葉県在住のふたご姉妹。同志社女子大学卒業後、2人で創作活動を始める。「難しいことをわかりやすく、面白く」をモットーに、専門的なことを文章とイラストで表現している。著書に『ふたごのかぽとゆぽ』（ポプラ社）、『うりふたご。』（主婦と生活社）、『へぇー！韓国ではそうなんですか？』（KADOKAWA）、『えーっ! これ、言い間違い!?』（飛鳥新社）、『凹まない練習』（日本実業出版社）、『マンガ 書きたくなる作文教室』（PHP研究所）などがある。

奴隷の哲学者エピクテトス 人生の授業
――この生きづらい世の中で「よく生きる」ために

2019年9月11日 第1刷発行
2023年9月1日 第6刷発行

著 者――荻野弘之
かおり&ゆかり
発行所――ダイヤモンド社
〒150-8409 東京都渋谷区神宮前6-12-17
https://www.diamond.co.jp/
電話/03・5778・7233(編集) 03・5778・7240(販売)
装丁――山田知子(chichols)
本文デザイン・DTP――梅里珠美(北路社)
編集協力――斎藤哲也
製作進行――ダイヤモンド・グラフィック社
校閲・校正――鷗来堂
印刷・製本――勇進印刷
編集担当――畑下裕貴

ISBN 978-4-478-10137-7